Die Leseliste

Die Leseliste

Kommentierte Empfehlungen

Zusammengestellt von Sabine Griese,
Hubert Kerscher und Albert Meier

Reclam

RECLAMS UNIVERSAL-BIBLIOTHEK Nr. 17692
1994, 2020 Philipp Reclam jun. Verlag GmbH,
Siemensstraße 32, 71254 Ditzingen
info@reclam.de
Aktualisierte Auflage 2020
Gestaltung: Cornelia Feyll, Friedrich Forssman
Druck und Bindung: Esser printSolutions GmbH,
Untere Sonnenstraße 5, 84030 Ergolding
Printed in Germany 2025
RECLAM, UNIVERSAL-BIBLIOTHEK und
RECLAMS UNIVERSAL-BIBLIOTHEK sind eingetragene Marken der Philipp Reclam jun. GmbH & Co. KG, Stuttgart
ISBN 978-3-15-017692-4
reclam.de

Inhalt

Inhalt

Vorbemerkung

> Ein kultivierter Mensch muss nicht alle Bücher durchgelesen haben.
>
> *René Descartes*

Die Zusammenstellung versteht sich nicht als Bestenliste, die das Gelungene vom Wertloseren scheidet. Der Auswahl liegt vielmehr die Frage zugrunde, von welchen Autoren und Werken her ein zuverlässiger, fachwissenschaftlich verantwortbarer Einstieg in den Entwicklungsgang namentlich der deutschen Literatur zu finden ist. Damit wird die Konsequenz aus dem zentralen Ergebnis des Dauerstreits um Berechtigung und Möglichkeit eines literarischen *Kanons* gezogen: dass das Kriterium des künstlerischen Rangs nicht brauchbar ist. Jeder Versuch nämlich, einen Katalog des ästhetisch Vorbildlichen zu präsentieren, wäre von vornherein zum Scheitern verurteilt, weil es der Selektion an konsensfähigen Normen fehlen müsste. Nicht um künstlerische Dignität kann es daher gehen, sondern allein um den Gebrauchswert. Im Rahmen einer insgesamt noch überschaubaren Zahl von Titeln werden diejenigen Epochen, Gattungen, Stilrichtungen, Motive und Autoren erfasst, die im literaturgeschichtlichen Rückblick als besonders zeittypisch bzw. folgenreich auffallen.

Diese Konzeption reagiert vor allem auf die Orientierungsbedürfnisse derer, die nicht ausschließlich zur Unterhaltung und zum poetischen Genuss, sondern mit fachlichem Interesse lesen wollen. Gedacht ist in erster Linie an Studierende der Germanistik und überhaupt an alle, die sich von Berufs wegen mit Literatur befassen. Diese pragmatische Ausrichtung erklärt des Weiteren auch das Festhalten an herkömmlichen Epochenbegriffen (etwa ›Barock‹), denen kraft Tradition eine gewisse Neutralität eignet. Ähnliches gilt für die Behandlung fremdsprachiger Autoren und Werke: Da die deutschsprachige Literatur im Mittelpunkt steht, können die anderen Literaturen nur in perspektivischer Verkürzung berücksichtigt werden; aus den gleichen Umfangsgründen war zugleich die rigorose Beschränkung auf wenige Nationalliteraturen nicht zu vermeiden (dass etwa Italien Berücksichtigung findet und die Niederlande nicht, rechtfertigt sich in erster Linie durch die wesentlich intensivere und dauerhaftere Einwirkung italienischer Dichtung auf die deutsche).

Die Werke sind in chronologischer Folge gereiht: nach dem Zeitpunkt ihrer Entstehung (abgekürzt: Entst.) bzw. des Erstdrucks (ED) oder der Uraufführung (UA); bei nichtdeutschen Titeln wird zusätzlich das Jahr der ersten (vollständigen oder teilweisen) Übersetzung ins Deutsche angegeben (EÜ). Ursprünglich nicht in lateinischer Schrift verfasste Literatur (Sanskrit, Griechisch, Arabisch, Kyrillisch) wird anhand der etablierten Eindeutschung verzeichnet.

*

Gegenüber der Erstfassung dieser Leseliste von 1994 ist die Neubearbeitung einerseits spürbar gestrafft worden (dies gilt für Streichungen *en détail* ebenso wie für die Einteilung *en gros*); um die literarischen Entwicklungen seitdem abzubilden, hat sie jedoch zugleich erhebliche Erweiterungen erfahren (durchaus im Bewusstsein, dass die Entscheidungen umso fragwürdiger werden, je mehr man sich der Gegenwart nähert).

Deutschsprachige Literatur

Mittelalter

Hildebrandslied

Entst.: um 840 – ED: Würzburg 1729

Unikal überliefertes Fragment eines Heldenliedes in 68 althochdeutschen Stabreimversen; schildert als einziger Zeuge der einst reichen Heldendichtung (mündlich tradiert), wie Hadubrand, der seinen heimgekehrten Vater Hildebrand nicht erkennt, diesem im Kampf begegnet (eine spätere nordische Parallelüberlieferung legt nahe, dass Hildebrand seinen Sohn tötet).

Otfrid von Weißenburg: *Evangelienbuch*

Entst.: zwischen 863 und 871 – ED: Königsberg 1831

Evangelienharmonie in fünf Büchern, die zum ersten Mal in der deutschen Sprache das Leben Jesu bis hin zum Jüngsten Gericht erzählt und theologisch auf hohem Niveau kommentiert.

Kaiserchronik

Entst.: vor 1147 – ED: Wien 1849

Frühmittelhochdeutsche Reimchronik, die in der Parallelisierung von Papst- und Kaisergeschichte eine Chronikerzählung von Caesar bis Kaiser Konrad III. bietet; selbständige Verarbeitung unterschiedlicher Quellen (u. a. Legendenliteratur).

Pfaffe Lambrecht: *Alexanderlied*

Entst.: um 1150/60 – ED: Wien 1849

Erste deutsche Alexander-Dichtung, die in Bearbeitung einer französischen Quelle die Lebensgeschichte des antiken Herrschers in welt- und heilsgeschichtlicher Dimension vorstellt; der Überlieferungszusammenhang (Vorauer Sammelhandschrift) präsentiert Geschichtsdichtung als Ergänzung des Bibelwissens.

Pfaffe Konrad: *Rolandslied*

Entst.: 1172 (?) – ED: Göttingen 1838

Deutsche *chanson de geste*-Dichtung in Reimpaaren nach französischer Vorlage; schildert die Auseinandersetzung Karls des Großen mit den heidnischen Sarazenen in Spanien, wobei Karls Neffe Roland den Märtyrertod erleidet (Bezug zur zeitgenössischen Kreuzzugsthematik, legendenhafte Elemente).

Hartmann von Aue: *Der arme Heinrich*

Entst.: um 1180 – ED: Berlin 1784

Religiöse Exempeldichtung, die nach dem Modell des biblischen Hiob den Weg des zunächst glücklichen Ritters Heinrich ins Unglück (Aussatz) schildert; erst nach dem Akzeptieren seines Leids als gottgewollte Prüfung und der Zurückweisung des Blutopfers eines nichtadeligen Mädchens wird er geheilt.

Heinrich von Veldeke: *Eneasroman*

Entst.: vollendet 1184/86 – ED: Berlin 1783

Höfischer Versroman nach französischer Vorlage (um 1160); erzählt von dem aus Troja vertriebenen Eneas, der über Karthago (Dido-Episode) auf Geheiß der Götter nach Italien zieht, wo er Rom gründen soll, und interpretiert Vergils *Aeneis* unter Betonung von Minne und Landesherrschaft neu.

Hartmann von Aue: *Erec*

Entst.: um 1180/90 – ED: Leipzig 1839

Begründet die aus Frankreich übernommene Gattung des Artusromans in deutscher Sprache (freie Bearbeitung von Chrétiens *Erec et Enide*); erzählt wird der zweimalige Weg des Artusritters Erec von Unehre zu Anerkennung am Hof (Symbolstruktur des doppelten Kursus, Artushof als Wertezentrum).

Walther von der Vogelweide: *Minnelieder, Sangsprüche, geistliche Lieder*

Entst.: zwischen 1195 und 1230 – ED: Zürich 1758/59

Sangbare Dichtungen in drei Gattungen: Minnelyrik in unterschiedlichen Konzeptionen (Hohe Minne, Mädchenlieder); Sangspruchdichtung mit ethischer, religiöser und politischer Zielsetzung und Unterweisung (u. a. Reichston); geistliche Lieder (Elegie), darunter auch eine musikalisch-textliche Großkomposition zur Verherrlichung der göttlichen Dreieinigkeit und Marias (Leich).

Nibelungenlied

Entst.: um 1200 – ED: Zürich 1757 (Auszug); Berlin 1782 (vollständig)

Strophisches Heldenepos, das vom heldenhaften Siegfried (Eroberung Brünhilds für Gunther, Heirat mit Kriemhild, Ermordung durch Hagen) sowie vom Untergang der Burgunden am Hofe Etzels erzählt; das *Lied* bildet eine feste Textgemeinschaft mit der *Klage*, wo es in Fortführung der Handlung zur christlichen Bewältigung der Trauer kommt.

Wolfram von Eschenbach: *Parzival*

Entst.: 1200–10 – ED: Straßburg 1477

Gral-Roman, der im Unterschied zu seiner französischen Hauptvorlage (Chrétien: *Le conte du Graal*) die religiöse Thematik betont (Sünde, Schuld und Erlösung); begründet in der Parallelführung des weltlich orientierten Ritters Gawan und des auf religiöses Gralkönigtum ausgerichteten Parzival eine neue Idee der Ritterschaft.

Gottfried von Straßburg: *Tristan*

Entst.: um 1210 – ED: Berlin 1821

Unvollendeter Minneroman nach der französischen Vorlage des Thomas von Britannien, der den Konflikt zwischen dem individuellen Recht auf Liebeserfüllung und den Konventionen der Gesellschaft gestaltet; den Erzählschluss (der Tod vereint die Liebenden) bieten erst die beiden Fortsetzungen (um 1230–35 bzw. um 1280–90).

Wirnt von Grafenberg: *Wigalois*

Entst.: zwischen 1204 und 1230 – ED: Berlin 1819

Französisch beeinflusster Artusroman; handelt von Gaweins Sohn Wigalois, der eine Reihe von Rettungs- und Erlösungsaventiuren besteht, und ergänzt den höfischen Verhaltenskodex um die religiöse Komponente.

Neidhart: *Sommer- und Winterlieder*

Entst.: zwischen 1210 und 1240 – ED: Zürich 1758/59

Sommer- und Winterlieder (unterschieden nach ihrem Natureingang) situieren die Begegnung von Mann und Frau in landadelig-bäuerlicher, d. h. nichthöfischer Sphäre (Tanz und Spiel; Werben des Ritters um Minne und Konkurrenz der Bauernburschen, Weltabsage und Zeitkritik).

Eike von Repgow: *Sachsenspiegel*

Entst.: zwischen 1220 und 1235 – ED: Basel 1474

Bedeutendstes Rechtsbuch des Mittelalters (mehrfach überarbeitet und ergänzt); aufgeteilt in Land- und Lehnrecht, werden sowohl bäuerliche als auch ritterliche Belange des Besitz- und Strafrechts geregelt.

Freidank: *Bescheidenheit*

Entst.: um 1230 – ED: Leipzig, um 1490

Sammlung von Reimpaarsprüchen mit typbildender Wirkung: Aussagen über Gott und Fragen der Dogmatik, Tugenden und Laster, menschliches Verhalten, Kirchenkritik.

Mechthild von Magdeburg: *Das fließende Licht der Gottheit*

Entst.: zwischen 1250 und 1282 – ED: Regensburg 1869

Offenbarungsschrift (Prosa vermischt mit Versrede und Dialogen) einer Mystikerin, auf Anregung ihres dominikanischen Beichtvaters Heinrich von Halle verfasst; Mechthild schildert in sieben Büchern Visionen, Erfahrungen und Gespräche mit Gott und thematisiert vor allem die brautmystisch geprägte Gottesliebe, Hölle und Fegefeuer.

Konrad von Würzburg: *Herzmaere*

Entst.: um 1260 – ED: Berlin 1784

Verserzählung; verarbeitet unter bewusster Anlehnung an Gottfried von Straßburg das verbreitete Motiv vom gegessenen Herzen des Geliebten zum Zweck höfisch-geselliger Erbauung.

Wernher der Gärtner: *Helmbrecht*

Entst.: um 1280 – ED: Wien 1839

Verserzählung zum Thema ›Ordo‹; der junge Bauernsohn Helmbrecht will Ritter werden, verlässt seine Familie und seinen Stand, schließt sich Raubrittern an und wird zuletzt für sein hochmütiges Handeln mit dem Tode bestraft.

Hugo von Trimberg: *Der Renner*

Entst.: 1290–1300 – ED: Frankfurt a. M. 1549

Umfangreichste mittelhochdeutsche Lehrdichtung; verbindet Sünden- und Zeitklage, ethische Unterweisung und Bußpredigt zu einem popularisierenden Wissenskompendium (Verarbeitung der Bibel, antiker und mittelalterlicher Autoritäten, von Fabeln, Schwänken und Sprichwörtern).

Meister Eckhart: *Daz buoch der goetlichen troestunge*

Entst.: 1308/1314 (?) – ED: Leipzig 1857

Geistliches Trostbuch in drei Teilen, das aus dominikanischer Perspektive darlegt, was den Menschen wahrhaft trösten kann; als wahrer Trost gilt die mystische Gotteserfahrung.

Codex Manesse

Entst.: um 1330 – ED: Zürich 1758/59

Bedeutendste Sammlung sangbarer Lyrik des Hoch- und Spätmittelalters (Leichs, Minnelieder, Sangsprüche, zusammen rund 6000 Strophen), die auch als ›Große Heidelberger Liederhandschrift‹ bekannt ist; enthält Werke von rund 140 Dichtern der Zeit zwischen 1150 und 1330.

Innsbrucker Osterspiel

Entst.: erste Hälfte 14. Jh. – ED: Quedlinburg 1841

Geistliches Schauspiel um das Ostergeschehen (lateinisches Szenengerüst und deutsche Reimpaare); ergänzt den Besuch der drei Frauen am Grab Jesu (*visitatio sepulchri*) durch Höllenfahrt, Seelenfang durch Teufel (mit Ständesatire) sowie ein derb-komisches Krämerspiel.

Johannes von Tepl: *Der Ackermann aus Böhmen*

Entst.: 1401 – ED: Bamberg, um 1462/63

Streitgespräch in Prosa zwischen einem Witwer und dem Tod über das zu frühe Sterben der Ehefrau, das sich zur Erörterung über den Sinn von Leben und Tod allgemein ausweitet; im 33. Kapitel spricht Gott abschließend dem Tod zwar den Sieg, dem Ackermann aber Ehre zu.

Heinrich Wittenwiler: *Der Ring*

Entst.: um 1408–10 – ED: Stuttgart/Tübingen 1851

Dreiteilige Lehrdichtung in Form einer komischen Bauernhandlung; führt an der Liebes- und Hochzeitsgeschichte des Bertschi Triefnas und der Mätzli Rüerenzumph *der welte lauff* vor (satirisch gebrochene Weltbeschreibung und lehrhaftes Kompendium).

Oswald von Wolkenstein: *Lieder*

Entst.: zwischen 1410 und 1430 – ED: Innsbruck 1847

Autobiographische Erzählungen und Reflexionen, geistliche, Reise- und Liebeslieder (ein- und mehrstimmig); darüber hinaus lehrhafte Genreszenen in facettenreicher, bildkräftiger, oft lautmalerischer Sprache.

Thüring von Ringoltingen: *Melusine*

Entst.: 1456 – ED: Augsburg 1474

Prosaroman nach einer französischen Versvorlage, die ein bekanntes Märchenmotiv verarbeitet: Der Bruch eines Versprechens lässt die *merfaye* Melusine wieder in das Feenreich zurückkehren; einer ihrer zehn Söhne ergründet schließlich das Geheimnis der Vorfahren.

Hans Folz: *Das Spiel von dem König Salomon und dem Bauern Markolf*

Entst.: zwischen 1482 und 1493 – ED: Nürnberg, um 1520/21

Nürnberger Fastnachtspiel; verarbeitet den im ganzen Mittelalter deutsch wie lateinisch beliebten und in verschiedenen Gattungen behandelten Stoff um den weisen König Salomon und den listigen Bauern Markolf (*versutia* besiegt *sapientia*).

Humanismus/Reformation

Sebastian Brant: *Das Narren schyff*

ED: Basel 1494

Moralsatire, die in einer Revue von 111 Narrengestalten menschliches Fehlverhalten vorführt, ohne einen Stand oder eine soziale Gruppe zu verschonen; wirkt im europäischen Bereich vor allem durch die lateinische Version Jakob Lochers (*Stultifera navis*) von 1497.

Ein kurtzweilig lesen von Dyl Vlenspiegel

ED: Straßburg 1510/11 (unvollständig erhalten); Straßburg 1515

Schwankroman in etwa 100 ›Historien‹ des Schalks Eulenspiegel (Anordnung nach biographisch orientiertem Grundmuster); zeigt die Fragwürdigkeit der alltäglichen Lebenswirklichkeit auf.

Martin Luther: *Von der Freyheyt eyniß Christenmenschen*

ED: Wittenberg 1520

Reformatorischer Traktat; Rechtfertigung aus Gnade befreit den Glaubenden vom Zwang der Mitwirkung am Heil und ermöglicht selbstlosen Dienst am Nächsten.

Ulrich von Hutten: *Gesprāch büchlein*

ED: Straßburg 1521

Vier Prosadialoge nach dem Vorbild Lukians (120–180 n. Chr.), die in aggressiver Sprache die Missstände innerhalb der Geistlichkeit und die Unterdrückung der deutschen Nation anklagen; Hutten wird damit zum Mitstreiter Luthers.

Johannes Pauli: *Schimpf und Ernst*

ED: Straßburg 1522

Sammlung von 693 kurzen Prosaerzählungen in lockerer Reihung; gibt unter der Überschrift *von schimpff* (›Scherz‹) oder *von ernst* belehrende Beispiele zur Unterhaltung von Klosterfrauen bzw. zur Benutzung durch den Prediger (Vorrede).

Hans Sachs: *Der farendt Schueler im Paradeiss*

UA: Nürnberg, 8.10.1550 – ED: Nürnberg 1561

Fastnachtspiel in 300 Knittelversen; infolge einer Wort-Verwechslung (›Paris‹/›Paradies‹) treibt ein fahrender Schüler seine Späße mit einer Bäuerin und ihrem Mann, wobei sich der Bauer als einfältig, geizig und feige erweist.

Johann Fischart: *Geschichtklitterung*

ED: Straßburg 1575

Moralsatirischer Roman (erweiternde Bearbeitung des ersten Buchs von Rabelais' *Gargantua*) über Ausbildung und Leben des Riesen-Sohnes Gargantua; attackiert zeittypische Laster (Fress-, Trunksucht) in experimentellem Sprachstil (lautmalend, Reihung von Homonyma und Synonyma u. a.).

Historia von D. Johann Fausten

ED: Frankfurt a. M. 1587

Prosaroman in drei Teilen, der die Faust-Gestalt in die Literatur einführt; schildert Fausts Disputation mit dem Teufel, Weltreisen und eine Folge von Schwänken unter Einarbeitung von reformatorischer Theologie und populären reformatorischen Schriften.

Georg Rollenhagen: *Froschmeuseler*

ED: Magdeburg 1595

Didaktisches Tierepos in der Tradition des *Reinke de Vos* (1498), das die pseudohomerische Epenparodie *Batrachomyomachia* (›Der Froschmäusekrieg‹; 3. Jh. v. Chr.), Fabelstoffe aus dem Schulbetrieb, Luthers Tischreden sowie die Bibel verarbeitet; Parodie auf die humanistische Gelehrsamkeit am Ende des 16. Jh.

Barock

Jakob Bidermann: *Cenodoxus*

UA: Augsburg, 2. 7. 1602 – ED: München 1666 – EÜ: *Cenodoxus, Der Doctor von Parijß*, München 1635 (Ü: Joachim Meichel)

Neulateinisches Jesuitendrama, das die Legende des hl. Bruno zur gegenreformatorischen Glaubenspropaganda nutzt; die Darstellung des lasterhaften Lebens eines scheinfrommen Gelehrten will zur Absage an weltliches Treiben motivieren.

Martin Opitz: *Buch von der Deutschen Poeterey*

ED: Brieg/Breslau 1624

Bis ins frühe 18. Jh. maßgebende Regel-Poetik, die die deutschsprachige Dichtung in kulturpatriotischer Absicht auf die klassizistischen Konventionen der romanischen Literaturen verpflichtet (auch auf Deutsch soll Hochstil-Dichtung möglich sein).

Friedrich Spee von Langefeld: *Cautio criminalis*

ED: Rinteln 1631 – EÜ: Bremen 1647 (Ü: Johann Seifert)

Richtungweisende Schrift (›Rechtliches Bedenken‹) im Kampf gegen Aberglauben und Intoleranz (scharfe Verurteilung der gängigen Urteilspraxis in Hexenprozessen; Ablehnung der Folter).

Andreas Gryphius: *Sonnete*

ED: Lissa 1637

Weltanschauliche Lyrik in formaler Übereinstimmung mit Opitz' *Buch von der Deutschen Poeterey*; bereits repräsentativ für Gryphius' dominierende Thematik: Vanitas-Klage, verbunden mit dem Verweis auf jenseitige Erlösung (vgl. *Vanitas, vanitatum et omnia vanitas*; *Menschliches Elende*; *Trawrklage des verwüsteten Deutschlands*).

Philipp von Zesen: *Ritterholds von Blauen Adriatische Rosemund*

ED: Amsterdam 1645

Galanter Roman mit Schäferszenen; reflektiert gesellschaftliche Probleme des ›konfessionellen Zeitalters‹: Die Verbindung zwischen dem protestantischen schlesischen Dichter Markhold und der katholischen Venezianerin Rosemund scheitert am Gegensatz ihrer religiösen Bekenntnisse.

Friedrich Spee von Langenfeld: *Trvtz Nachtigal, Oder Geistlichs-Poetisch Lvst-Waldlein*

ED: Köln 1649

Sammlung geistlicher Lieder und Gedichte; verbindet die national-poetische Intention (Dichtung in deutscher Sprache) mit katholisch-gegenreformatorischen Glaubensinhalten (volkssprachliche Erbauungslyrik).

Georg Philipp Harsdörffer: *Der Grosse Schauplatz Jämerlicher Mordgeschichte*

ED: Hamburg 1649–52

Sammlung von Kriminalerzählungen in novellistischer Tradition; schildert lasterhaftes Handeln anhand von meist historischen Ereignissen in moraldidaktischer Absicht (Abschreckung durch Darstellung der strafenden Vorsehung).

Andreas Gryphius: *Leo Armenius, Oder Fürsten-Mord*

Erste bezeugte Aufführung: Köln 1651 – ED: Frankfurt a. M. 1650

Historisches Trauerspiel in klassizistischer Regelhaftigkeit, das Grundprinzipien des lutheranischen Weltbildes inszeniert (Antithese von *vanitas* und *aeternitas*): Der Sturz des byzantinischen Kaisers Leo V. durch Michael Balbus am Weihnachtsabend 820 macht das irdische Leben als beständigen Wechsel von Aufstieg und Fall bewusst und verweist zugleich auf jenseitiges Heil; in politischer Hinsicht plädiert das Stück für den strikten Absolutismus im Sinne Luthers.

Angelus Silesius: *Cherubinischer Wandersmann*

ED: Wien 1657

Auf mystische Traditionen (von Meister Eckhart bis Jakob Böhme) rekurrierende Sammlung zwei- bis vierzeiliger Aphorismen, die den antithetisch-paradoxen Charakter barocker Weltanschauung zum Ausdruck bringen.

Catharina Regina von Greiffenberg: *Geistliche Sonnette, Lieder und Gedichte*

ED: Nürnberg/Bayreuth 1662

Sammlung religiöser Lyrik ›zu Gottseeligem Zeitvertreib‹; gestaltet die lutheranisch geprägte Gotteserfahrung in drastischer Bildlichkeit nach dem Muster der erotischen Barock-Dichtung als Liebeserlebnis der gläubigen Seele.

Paul Gerhardt: *Geistliche Andachten*

ED: [Berlin] 1666/67

Sammlung geistlicher Lyrik (mit Vertonung), herausgegeben von Johann Georg Ebeling; enthält 120 teilweise bereits 1648 veröffentlichte Kirchenlieder, die noch heute für den lutherischen, teils auch für den katholischen Kirchengesang von Bedeutung sind (z. B. *O Haupt voll Blut und Wunden*).

Andreas Gryphius: *Absurda Comica Oder Herr Peter Squentz. Schimpff-Spiel*

Erste bezeugte Aufführung: Breslau 1668 – ED: Breslau (?) 1657

Komödie in Anlehnung an das Zwischenspiel in Shakespeares *A Midsummer Night's Dream*, das englische Wanderbühnen popularisiert hatten; Parodie auf das dilettierende Handwerkertheater und die Meistersinger-Praxis, um an deren satirischer Karikatur die Normen wahrer Poesie aufzuzeigen.

Hans Jakob Christoph von Grimmelshausen: *Der Abentheurliche Simplicissimus Teutsch*

ED: Nürnberg 1669 (richtig: 1668)

Allegorisch überhöhter Schelmenroman; zeigt in der autobiographisch erzählten Lebensgeschichte des vermeintlichen Hirtenknaben Simplicissimus verschiedene Verhaltensmuster vor dem konkreten Hintergrund des 30-jährigen Krieges (Gegensatz zwischen ›Gott‹ und ›Welt‹); erzähltechnisch dem französischen ›roman comique‹ sowie dem spanischen Pikaro-Roman verpflichtet.

Daniel Casper von Lohenstein: ***Sophonisbe***

UA: Breslau 1669 – ED: Breslau 1680

Alexandrinertragödie in fünf ›Abhandlungen‹, die das individuelle Handeln im Bezug auf das ›Verhängnis‹ problematisiert (Abkehr von der auf Transzendenz ausgerichteten Märtyrerdramatik); erklärt das neustoizistische Ideal der Affektbeherrschung zur Voraussetzung politischen Erfolgs (Vernunft als handlungsleitendes Prinzip).

Christian Hoffmann von Hoffmannswaldau: ***Deutsche Ubersetzungen Und Getichte***

ED: Breslau 1679/80

Postum veröffentlichte Sammlung, die neben Übersetzungen und Kasualcarmina (Hochzeits- und Begräbnislyrik) die *Helden-Briefe, Geistliche Oden* sowie Vanitas-Gedichte enthält (die manieristische Liebeslyrik Hoffmannswaldaus publiziert erst Benjamin Neukirch in seiner Anthologie *Herrn von Hoffmannswaldau und andrer Deutschen auserlesene und bißher ungedruckte Gedichte* (Breslau 1695–1727).

Christian Weise: ***Trauer-Spiel Von dem Neapolitanischen Haupt-Rebellen Masaniello***

UA: Zittau, 11. 2. 1682. – ED: Dresden/Zittau 1683

Protestantisches Schultheater vor dem historischen Hintergrund des neapolitanischen Volksaufstands von 1647; verfolgt die Intention einer ›weltmännischen‹ Erziehung der Gymnasiasten auf der Basis von ›Klugheit‹.

Barthold Heinrich Brockes: *Irdisches Vergnügen in Gott bestehend in verschiedenen aus der Natur und Sitten-Lehre hergenommenen Gedichten*

ED: Hamburg 1721–48

Naturlyrik in 9 Bänden, die das physikotheologisch-optimistische Weltbild der Frühaufklärung idealtypisch zum Ausdruck bringt (die vernünftige Ordnung der Natur beweist das Walten eines wohlwollenden Schöpfers).

Johann Christoph Gottsched: *Der Biedermann*

ED: Leipzig 1727–29

Moralische Wochenschrift nach englischem Vorbild (*The Spectator*); propagiert u. a. in Exempelerzählungen und Satiren die frühaufklärerische Ethik sowie das bürgerliche Bildungskonzept.

Johann Christoph Gottsched: *Versuch einer Critischen Dichtkunst vor die Deutschen*

ED: Leipzig 1730 (richtig: 1729)

Rationalistische Regelpoetik zum Zweck einer Literaturreform im Geist der Frühaufklärung; lehnt sich stilistisch an die französische Klassik an, betont jedoch die Verpflichtung aller Poesie auf gesellschaftliche Nützlichkeit.

Johann Christoph Gottsched: *Sterbender Cato*

UA: Leipzig, Januar 1731 – ED: Leipzig 1732

Prototyp des Reform-Trauerspiels nach den Vorgaben von Gottscheds *Critischer Dichtkunst*: Ein vorbildlicher Held mit Fehler gerät ins Unglück, woraus der Zuschauer den moralischen Lehrsatz ableitet (die historische Basis bildet der Selbstmord des Caesar-Gegners Marcius Porcius Cato 46 v. Chr.).

Johann Gottfried Schnabel: *Wunderliche Fata einiger See-Fahrer*

ED: Nordhausen 1731–43

Verknüpfung der Robinson-Thematik (in Anlehnung an Daniel Defoes *Robinson Crusoe*; 1719-20) mit dem Motiv einer pietistischen Gesellschafts- und Staatsutopie; zählt im 18. Jh. zu den meistgelesenen Romanen im deutschen Sprachraum (bereits damals meist stark gekürzt als *Die Insel Felsenburg* rezipiert).

Albrecht von Haller: *Die Alpen*

ED: Bern 1732 (in: *Versuch Schweizerischer Gedichte*)

Philosophisches Lehrgedicht in 49 Alexandriner-Strophen; setzt der ›verdorbenen‹ Zivilisation der Stadt und des Hofes das ›natürliche‹ Leben im Gebirge entgegen.

Luise Adelgunde Victorie Gottsched: *Die Pietisterey im Fischbein-Rocke*

UA: (?) – ED: Rostock (richtig: Leipzig) 1736

Erste gedruckte Typenkomödie der Aufklärung (entspricht der Komödienkonzeption von Gottscheds *Critischer Dichtkunst*) in thematischer Anlehnung an G.-H. Bougeants Jansenisten-Satire *La Femme Docteur* (1730); satirische Entlarvung heuchlerischer Frömmigkeit.

Johann Jacob Bodmer: *Critische Abhandlung von dem Wunderbaren in der Poesie und dessen Verbindung mit dem Wahrscheinlichen*

ED: Zürich 1740

Literaturtheoretischer Traktat, der den literarischen Rationalismus Gottscheds kritisiert und unter Berufung auf John Miltons ausdrucksstarkes Bibel-Epos *Paradise Lost* die Poesie auf sinnliche Intensität verpflichtet.

Johann Elias Schlegel: *Canut, ein Trauerspiel*

UA: 1745 (?) – ED: Kopenhagen 1746

Formal an Pierre Corneilles Klassizismus (Regelmäßigkeit, Alexandriner, untragischer Schluss) angelehnte Dramatisierung der historisch kaum greifbaren Figur des Dänenkönigs Knut der Große (11. Jh.); verwirklicht die Forderung des in Kopenhagen lebenden J. E. Schlegel nach Stoffen aus der jeweiligen Nationalgeschichte.

Christian Fürchtegott Gellert: *Fabeln und Erzählungen*

ED: Leipzig 1746–48

Fabelsammlung, deren Hauptakzent auf der Vermittlung des aufklärerischen Ideals ›höchster Sittlichkeit‹ liegt (Genügsamkeit, Affektbeherrschung); Verspottung menschlicher Schwächen, insbesondere der Frömmelei und des Standesdünkels.

Christian Fürchtegott Gellert: *Die zärtlichen Schwestern*

UA: Leipzig 1747 – ED: Leipzig 1747

›Rührendes Lustspiel‹ nach dem Vorbild der französischen ›comédie larmoyante‹; das dreiaktige Prosa-Lustspiel, das zugunsten empfindsamer Liebeskonflikte auf Komik weitgehend verzichtet, stellt in der Abkehr von der ›Sächsischen Typenkomödie‹ im Stil Gottscheds eine Vorstufe zum ›Bürgerlichen Trauerspiel‹ dar.

Friedrich von Hagedorn: *Oden und Lieder in fünf Büchern*

ED: Hamburg 1747

Sammlung anakreontischer Lyrik; die um Wein, Liebe, Freundschaft und Natur kreisende Geselligkeitsdichtung leitet das literarische Rokoko ein.

Friedrich Gottlieb Klopstock: *Der Messias*

ED: Bremen/Leipzig 1748 (1.–3. Gesang); Halle 1751 (1.–5. Gesang); Kopenhagen 1755 (1.–10. Gesang); Kopenhagen 1768 (11.–15. Gesang); Halle 1773 (16.–20. Gesang)

Erstes neuhochdeutsches Groß-Epos in Hexametern; deutet unter dem Einfluss der rationalistischen Aufklärungstheologie die lutherisch-orthodoxe Theorie der Erbsünde in eine durch Christi Erlösungstat vermittelte Versöhnung Gottes mit den Menschen um.

Gotthold Ephraim Lessing: *Miß Sara Sampson*

UA: Frankfurt/O., 10.7.1755 – ED: Berlin 1755

›Bürgerliches‹, d.h. familieninternes Trauerspiel; als Ausdruck der radikalen Abwendung vom Rationalismus Gottscheds bzw. des französischen Klassizismus mustergültige Umsetzung der emotionalistischen Mitleidsdramaturgie (›Der mitleidigste Mensch ist der beste Mensch‹).

Johann Joachim Winckelmann: *Gedancken über die Nachahmung der griechischen Wercke in der Mahlerey und Bildhauer-Kunst*

ED: [Dresden] 1755

Kunsttheoretische Abhandlung; postuliert die Kunst der griechischen Antike als (anti-französisches bzw. anti-barockes) Stil-Vorbild für die künftige Kunst in Deutschland und prägt mit dem ethisch-ästhetischen Schlagwort ›edle Einfalt und stille Größe‹ das Kulturideal der Weimarer Klassik.

Gotthold Ephraim Lessing: *›17. Literaturbrief‹*

ED: Berlin 1759

Folgenreichster Beitrag Lessings für die gemeinsam mit Moses Mendelssohn und Friedrich Nicolai verlegte Zeitschrift *Briefe, die neueste Litteratur betreffend* (1759-65); in polemischer Abrechnung mit Gottsched und der französisch-klassizistischen Theatertradition wird eine Umorientierung der deutschen Literatur auf englische Vorbilder (Shakespeare) gefordert.

Gotthold Ephraim Lessing: *Laokoon: oder über die Grenzen der Mahlerey und Poesie*

ED: Berlin 1766

Kunsttheoretische Abhandlung in emotionalistischer Opposition zu J. J. Winckelmanns Begründung antiker Schönheit aus dem Geist des Stoizismus; unterscheidet mit zeichentheoretischen Argumenten die Poesie strikt von den bildenden Künsten.

Christoph Martin Wieland: *Geschichte des Agathon*

ED: Frankfurt a. M. / Leipzig (richtig: Zürich) 1766/67 (erste Fassung)

Im griechischen Altertum spielender Roman (in Überbietung von Henry Fieldings ironisch-realistischem *Tom Jones*, 1749), der in Agathons Heranreifen zur Harmonie von sinnlicher und sittlicher Vollkommenheit die ›innere Geschichte‹ des Helden nachvollzieht; Prototyp für Christian Friedrich von Blanckenburgs Konzept eines ›guten‹ Romans (›Bildungsroman‹).

Gotthold Ephraim Lessing: *Minna von Barnhelm oder Das Soldatenglück*

UA: Hamburg, 30. 9. 1767 – ED: Berlin 1767

Lustspiel in Übereinstimmung mit den Thesen von Lessings *Hamburgischer Dramaturgie*: Abkehr von der rationalistischen ›Verlach-Komödie‹ zugunsten besserer Einsicht in menschliche Schwächen: nationaler Stoff (spielt vor dem Hintergrund des Siebenjährigen Krieges).

Gotthold Ephraim Lessing: *Hamburgische Dramaturgie*

ED: 1767–69 (104 Stücke in Einzellieferungen)

Kritische Begleitung des Programms am Hamburgischen Nationaltheater; entwickelt in Auseinandersetzung mit dem französischen Klassizismus ein wirkungsästhetisch ausgerichtetes Tragödien- und Komödienmodell (Katharsis-Theorie, ›gemischte Charaktere‹, Natürlichkeits- und Wahrscheinlichkeitspostulat).

Christoph Martin Wieland: *Musarion, oder die Philosophie der Grazien*

ED: Leipzig 1768

Versdichtung in drei Büchern; formuliert eine Philosophie der Gelassenheit im Gleichgewicht von Rationalität und Sinnlichkeit (Absage an Schwärmerei und Fanatismus).

Friedrich Gottlieb Klopstock: *Oden*

ED: Hamburg 1771

Von Klopstock selbst besorgte Gesamtausgabe seiner seit 1747 publizierten Lyrik; versammelt religiöse Hymnen, Freundschafts- und Liebesoden sowie Gedichte vaterländischen Inhalts.

Sophie von La Roche: *Geschichte des Fräuleins von Sternheim*

ED: Leipzig 1771

Erste erfolgreiche Adaption des empfindsamen Briefromans englischen Ursprungs (namentlich Samuel Richardsons *Clarissa*, 1748) in deutscher Sprache; grenzt eine idealisierte bürgerliche Lebensweise von der korrupten Adelswelt ab.

Gotthold Ephraim Lessing: *Emilia Galotti*

UA: Braunschweig, 13. 3. 1772 – ED: Berlin 1772

Bürgerliches Trauerspiel; Verwirklichung der in der *Hamburgischen Dramaturgie* entwickelten Katharsis-Theorie (die Mitleidsdramaturgie von *Miß Sara Sampson* wird durch eine affektkritische Wirkungskonzeption abgelöst).

Christian Friedrich von Blanckenburg: *Versuch über den Roman*

ED: Leipzig/Liegnitz 1774

Von Henry Fieldings *Tom Jones* (1749) und Christoph Martin Wielands *Agathon* (1766/67) inspirierte Gattungspoetik, die den aufklärerischen Roman als ›bürgerliche Epopee‹ (Johann Carl Wezel) propagiert; liefert die Theorie für den psychologischen Entwicklungsroman (›innere Geschichte eines Charakters‹).

Gotthold Ephraim Lessing: *Nathan der Weise. Ein dramatisches Gedicht in fünf Aufzügen*

UA: Berlin, 14. 4. 1783 – ED: Berlin 1779

In Zusammenhang des ›Fragmenten-Streits‹ entstandenes Drama in Blankversen, das die ins Jerusalem des 12. Jh. verlegte Frage nach der wahren Religion mit dem Ideal vorurteilsfreier Humanität und dem Toleranz-Postulat beantwortet.

Johann Heinrich Voß: *Luise. Ein ländliches Gedicht in drei Idyllen*

ED: Hamburg 1783 (2. Idylle: *Des Bräutigams Besuch*); Hamburg 1784 (1. Idylle: *Luise*); Weimar 1784 (3. Idylle: *Luise*)

Hexameter-Idylle in drei Teilen; ersetzt die idealisierende Hirtendichtung der Anakreontik durch eine Darstellung der zeitgenössischen dörflichen Lebensrealität; beeinflusst u. a. Goethes *Hermann und Dorothea* (1797).

Karl Philipp Moritz:
Anton Reiser. Ein psychologischer Roman

ED: Berlin 1785–90

Autobiographisch fundierter Roman in vier Bänden (der Erzähler erläutert die seelischen Deformationen der Hauptfigur durch deren Kindheitserlebnisse); als wirklichkeitsgetreue Schilderung des verarmten Kleinbürgertums, der Bildungsanstalten und des Theatermilieus ein Gegenentwurf zum Erziehungsoptimismus des klassischen Bildungsromans (v. a. Goethes *Wilhelm Meisters Lehrjahre*).

Georg Christoph Lichtenberg:
Bemerkungen vermischten Inhalts

ED: Göttingen 1800–06

Zwischen 1765 und 1799 entstandene Aphorismen aus Lichtenbergs *Sudelbüchern*, 1800–06 in den *Vermischten Schriften* in Auszügen publiziert; von nachhaltiger Wirkung auf Kierkegaard, Schopenhauer, Nietzsche, Karl Kraus.

Johann Gottfried Seume:
Spaziergang nach Syrakus im Jahre 1802

ED: Braunschweig/Leipzig 1803

Spätaufklärerischer Reisebericht über Italien und Frankreich in politisch-sozialkritischer Absicht; erklärt den Niedergang Italiens mit dem Zusammenspiel von Feudalherren und katholischem Klerus und äußert sich skeptisch über das napoleonische Frankreich.

Johann Georg Hamann: *Sokratische Denkwürdigkeiten*

ED: Amsterdam (richtig: Königsberg) 1759

Antirationalistischer Essay; verteidigt Religiosität gegen den Vorwurf der Schwärmerei (Kant) und betont die Überlegenheit des Glaubens über die Vernunft.

Heinrich Wilhelm von Gerstenberg: *Ugolino*

UA: Berlin, 22. 6. 1769 – ED: Hamburg/Bremen 1768

Tragödie in fünf Akten über den Hungertod des Grafen Ugolino und seiner drei Söhne im Kerker zu Pisa (nach einer Episode in Dantes *Divina Commedia*); bezeichnet den Übergang von der aufklärerischen Wirkungsästhetik zur Produktionsästhetik des Sturm und Drang (Genie statt Regeln).

Von deutscher Art und Kunst. Einige fliegende Blätter

ED: Hamburg 1773

Von Johann Gottfried Herder herausgegebene Sammlung programmatischer Schriften des Sturm und Drang aus antifranzösischer Perspektive; enthält insbesondere Herders *Shakespear* sowie Goethes *Von deutscher Baukunst*, eine Hymne auf den vermeintlichen Erbauer des Straßburger Münsters.

Johann Wolfgang Goethe: ***Prometheus***

Entst.: um 1773 – ED: Breslau 1785 (unautorisiert in: F. H. Jacobi: *Über die Lehre des Spinoza*)

Hymne in freien Rhythmen, im Zusammenhang mit dem dramatischen Fragment *Prometheus* (1773) um 1774 entstanden; verkörpert den Genie-Kult des Sturm und Drang (der Dichter als ›alter deus‹).

Johann Wolfgang Goethe: ***Götz von Berlichingen mit der eisernen Hand***

UA: Berlin, 12. 4. 1774 – ED: 1773 (zweite Fassung)

Prosa-Schauspiel in fünf Akten, das die frühe Reformationszeit zur literarischen Mode gemacht hat, indem es den Antagonismus von (bürgerlicher) Ordnung und Autonomie (›Selbsthelfer‹-Problematik) thematisiert; radikaler Bruch mit den Postulaten des französischen Klassizismus durch häufige Ortswechsel und unbestimmte Zeitdauer.

Johann Wolfgang Goethe: ***Die Leiden des jungen Werthers***

ED: Leipzig 1774

Briefroman von europaweiter Wirkung (›Wertherfieber‹); reflektiert unter dem Einfluss der englischen Empfindsamkeit (James Macphersons ›Ossian‹) den Konflikt von bürgerlicher Gesellschaft und menschlicher ›Natur‹.

Jakob Michael Reinhold Lenz: ***Anmerkungen übers Theater***

ED: Leipzig 1774

Dramentheoretische Abhandlung, in Orientierung an Goethes *Zum Shäkespears Tag* (1771) und Herders *Shakespear* (1773) entstanden; inhaltlich wie stilistisch radikale Absage an die Regelpoetik französischer Tradition zugunsten der Freiheit schöpferischer Genies.

Jakob Michael Reinhold Lenz: ***Der Hofmeister oder Vortheile der Privaterziehung***

UA: Hamburg, 22. 4. 1778 – ED: Leipzig 1774

Antiklassizistische (Tragi-)Komödie; initiiert in ihrer sozialkritischen Tendenz (Absage an das Hofmeistertum, Plädoyer für Chancengleichheit im Bildungswesen) die entsprechende Theatertradition von Büchner bis Brecht (Neubearbeitung 1950).

Johann Gottfried Herder: ***Volkslieder***

ED: Leipzig 1778/79

Sammlung von ›Volksliedern‹ (in Anlehnung an den englischen Begriff ›popular song‹), die das Augenmerk auf die eigenständige Dichtungstradition Deutschlands richtet; von nachhaltigem Einfluss auf Anthologien wie Arnim/Brentanos *Des Knaben Wunderhorn* oder Uhlands *Alte hoch- und niederdeutsche Volkslieder*.

Friedrich Schiller: *Die Räuber*

UA: Mannheim, 13.1.1782 – ED: Frankfurt a. M. / Leipzig (richtig: Stuttgart) 1781

Prosadrama in offener, von Shakespeare beeinflusster Form; gestaltet am Motiv der feindlichen Brüder den Kontrast von Nihilismus und Enthusiasmus und illustriert daran das Wirken der sittlichen Weltordnung.

Friedrich Schiller: *Kabale und Liebe*

UA: Frankfurt a. M., 13.4.1784 – ED: Mannheim 1784

Bürgerliches Trauerspiel in Anlehnung an Lessings *Emilia Galotti*; thematisiert den Konflikt zwischen den Gesellschaftsschichten am Beispiel einer ständisch ungleichen Liebe (Feudaladel vs. Kleinbürgertum).

Immanuel Kant: *Beantwortung der Frage: Was ist Aufklärung?*

ED: Dezember 1784 (in: *Berlinische Monatsschrift*)

Philosophischer Essay, der ›Aufklärung‹ als »Ausgang des Menschen aus seiner selbst verschuldeten Unmündigkeit« definiert; plädiert ebenso nachdrücklich wie pessimistisch für ein Denken, das sich nicht durch Autoritäten einschränken lässt (»Habe Mut, dich deines *eigenen* Verstandes zu bedienen!«).

Friedrich Schiller: *Was kann eine gute stehende Schaubühne eigentlich wirken?*

ED: Mannheim 1785 (in: *Rheinische Thalia*)

Dramentheoretische Abhandlung (Neufassung 1802: *Die Schaubühne als eine moralische Anstalt betrachtet*); legitimiert in der Tradition Lessings das Theater in seiner aufklärerischen Funktion (Ausbildung von Vernunft und Verstand, Kultivierung der Sinnlichkeit, Erziehung zu Toleranz).

Friedrich Schiller: *Der Verbrecher aus verlorener Ehre. Eine wahre Geschichte*

ED: Leipzig 1792 (in: *Kleinere prosaische Schriften* 1)

Kriminalgeschichte in der Tradition moralischer Erzählungen der Aufklärung (Erstfassung 1786: *Verbrecher aus Infamie*); psychologische Analyse eines Außenseiters, den Ungerechtigkeit zum Verbrecher macht.

Wilhelm Heinse: *Ardinghello und die glückseeligen Inseln*

ED: Lemgo 1787

Im Italien des 16. Jh. spielender Künstlerroman, der auf innovative Weise Trivialliteratur poetisch nobilitiert; propagiert die Sinnlichkeit als oberste Maxime für Kunst und Leben durch die Gründung eines utopischen Staates (Ablehnung bürgerlicher Moral).

Johann Wolfgang Goethe: *Iphigenie auf Tauris*

UA: Wien, 7. 1. 1800 – ED: Leipzig 1787

Streng klassizistisches Schauspiel (in Anlehnung an Euripides' *Iphigenie bei den Tauriern*, um 412 v. Chr.), dessen Erstfassung in rhythmischer Prosa (UA: Weimar, 6. 4. 1779) Goethe während seiner Italienreise versifiziert hat (Blankverse); in formaler Geschlossenheit und ethischem Gehalt (Humanität durch Entsagung) ein Hauptwerk der Weimarer Klassik.

Friedrich Schiller: *Dom Karlos, Infant von Spanien*

UA: Hamburg, 29. 8. 1787 – ED: Leipzig 1787

Blankversdrama vor dem Hintergrund des niederländischen Befreiungskampfes gegen die spanische Herrschaft (seit 1564); kennzeichnet Schillers Übergang vom Sturm und Drang zur Klassik (Konflikt zwischen Pflicht und Neigung).

Karl Philipp Moritz: *Über die bildende Nachahmung des Schönen*

ED: Braunschweig 1788

Kunsttheoretische Abhandlung; formuliert die Grundideen der Autonomie-Ästhetik der Weimarer Klassik (das Genie schafft gottähnlich das Werk als zweckfreie Welt; Kunst als höchstes Produkt der Natur).

Friedrich Schiller: *Die Götter Griechenlandes*

ED: Weimar 1788 (in: *Der Teutsche Merkur*)

Philosophisches Gedicht (25 achtzeilige Strophen in Trochäen); stellt der wissenschaftlich entzauberten Natur-Wahrnehmung der Neuzeit (Newton) die sinnliche Natur-Erfahrung der griechischen Antike entgegen und entwirft erstmals die Idee einer neuen, von Dichtern künstlich zu schaffenden Mythologie für die Gegenwart.

Johann Wolfgang Goethe: *Römische Elegien*

ED: Tübingen 1795 (unter dem Titel *Elegien* in: *Die Horen*)

Gedichtzyklus in Distichen, unter dem Eindruck des Italien-Aufenthaltes (1786–88) nach der Rückkehr in Weimar entstanden; aktualisiert die Liebeslyrik der römischen Antike als erotisch grundierte Erfahrung Roms durch einen nordischen Gast.

Johann Wolfgang Goethe: *Unterhaltungen deutscher Ausgewanderten*

ED: Tübingen 1795 (in: *Die Horen*)

Novellensammlung in Anlehnung an Boccaccios *Decameron* (um 1350), die den gesellschaftlichen Umbruch im Gefolge der Französischen Revolution auf ethisch-poetischer Ebene problematisiert; formuliert das für Goethe zentrale Humanitätskonzept der Entsagung.

Friedrich Schiller: *Über die ästhetische Erziehung des Menschen, in einer Reihe von Briefen*

ED: Tübingen 1795 (in: *Die Horen*)

Philosophisch-kunsttheoretische Abhandlung, die das Bildungsziel der Klassik entwirft; in Reaktion auf die Gewaltsamkeit der Französischen Revolution wird der ›ästhetische Zustand‹ als Einübung in richtigeres Sozialverhalten vorgeschlagen.

Johann Wolfgang Goethe: *Wilhelm Meisters Lehrjahre*

ED: Berlin 1795/96

Gattungskonstituierender Bildungsroman, entstanden seit 1777 (zuerst als *Wilhelm Meisters theatralische Sendung*); versucht am Entwicklungsgang des Kaufmannssohnes Wilhelm Meister eine Annäherung an das klassische Lebensideal zu demonstrieren (die individuelle Selbstverwirklichung ist dem aktiven Einsatz für die Gesellschaft verpflichtet).

Wilhelm Heinrich Wackenroder / Ludwig Tieck: *Herzensergießungen eines kunstliebenden Klosterbruders*

ED: Berlin 1797 (richtig: 1796)

Sammlung erzählender, lyrischer und kunsttheoretischer Texte, die als erstes literarisches Zeugnis der deutschen Frühromantik gilt; propagiert Schönheit in Anlehnung an Karl Philipp Moritz' Autonomie-Ästhetik als Werk weniger Genies, auf das die nicht-schöpferischen ›Dilettanten‹ mit quasi-religiöser ›Kunstfrömmigkeit‹ reagieren.

Jean Paul: *Siebenkäs. Blumen-, Frucht- und Dornenstükke oder Ehestand, Tod und Hochzeit des Armenadvokaten F. St. Siebenkäs im Reichsmarktflecken Kuhschnappel*

ED: Berlin 1796/97

Humoristischer Roman, der in witzig-realistischer Manier nach dem Vorbild von Laurence Sterne die häuslichen Nöte eines Provinzschriftstellers schildert; enthält als ›Blumenstück‹ u. a. die *Rede des toten Christus*, die den Atheismus poetisch widerlegen soll.

Musen-Almanach für das Jahr 1798

ED: Tübingen 1797

Von Friedrich Schiller herausgegebene Anthologie, allgemein als ›Balladen-Almanach‹ bezeichnet; versammelt von Schiller u. a.: *Der Ring des Polykrates*, *Der Taucher*, *Die Kraniche des Ibycus*; von Goethe u. a.: *Der Schatzgräber*, *Der Zauberlehrling*, *Der Gott und die Bajadere*.

Friedrich Schlegel: *Ueber das Studium der Griechischen Poesie*

ED: Neustrelitz 1797 (in: *Die Griechen und Römer. Historische und kritische Versuche über das Klassische Alterthum*)

Literaturgeschichtliche Untersuchung der Kulturdifferenz von Antike und Moderne; weil der sich ständig verändernden Gegenwart das Ideal klassischer Schönheit nicht mehr erreichbar sei, wird die romantische Grundidee einer ›interessanten‹ Poesie entworfen, die den Verlust der Ganzheitlichkeit sinnlich erfahrbar macht und die Möglichkeit einer ›zweiten‹ Ganzheitlichkeit eröffnet.

Johann Wolfgang Goethe: *Hermann und Dorothea*

ED: Berlin 1797

Bürgerliches Hexameter-Epos in neun Gesängen; transponiert in der Konfrontation der kleinstädtischen Ordnung Deutschlands mit den Auswirkungen der Französischen Revolution die antike Gattung in die Moderne.

Ludwig Tieck: *Der blonde Eckbert*

ED: Berlin 1797 (in: *Volksmärchen*)

Märchennovelle, die im ›Verfolgungswahn‹ und ›Identitätsverlust‹ der Hauptfiguren das Bild einer Welt zeichnet, in der Traum und Realität verschmelzen; realisiert im logischen Widersinn der Schluss-Szenen das romantische Programm, »die Gesetze der vernünftig denkenden Vernunft aufzuheben und uns wieder in die schöne Verwirrung der Fantasie, in das ursprüngliche Chaos der menschlichen Natur zu versetzen« (F. Schlegel, *Rede über die Mythologie*).

Ludwig Tieck:
Der gestiefelte Kater. Ein Kindermährchen in drey Akten

UA: Berlin, 20.4.1844 – ED: Berlin 1797

Ironisches Märchenspiel; parodiert den sentimentalen Geschmack des zeitgenössischen Publikums an realistischen ›Familiengemälden‹ (Iffland, Kotzebue) und zeigt dem ›gesunden Menschenverstand‹ durch gezielte Verwirrung die Grenzen auf.

Friedrich Hölderlin:
Hyperion oder der Eremit in Griechenland

ED: Tübingen 1797/99

Unter dem Eindruck von Rousseaus *La nouvelle Héloïse* (1761), Goethes *Werther* (1774) und Heinses *Ardinghello* (1787) entstandener Briefroman in zwei Teilen, der den Lebensweg eines Griechen der Gegenwart als Dichterwerdung schildert; lehnt die gewaltsame Umgestaltung gesellschaftlicher Verhältnisse ab und formuliert mit der Forderung nach einer ›ästhetischen Erziehung‹ das klassische Bildungsprogramm.

Friedrich Schlegel: ›Athenaeum-Fragmente‹

ED: Berlin 1798

In der wichtigsten frühromantischen Zeitschrift *Athenaeum* publizierte Aphorismen; formulieren in programmatischer Absicht die Grundlagen romantischer Poetik (›Transzendentalpoesie‹, ›progressive Universalpoesie‹, ›Sympoesie‹).

Friedrich Schiller: *Wallenstein. Ein dramatisches Gedicht*

UA: Weimar, 12.10.1798; 30.1.1799; 20.4.1799 – ED: Tübingen 1800

Versdrama in drei Teilen (*Wallensteins Lager*; *Die Piccolomini*; *Wallensteins Tod*), das geschichtliche Zusammenhänge des Dreißigjährigen Krieges im Wechselspiel von Schicksal und Schuld analysiert; verwirklicht Schillers klassische Dramenästhetik.

Novalis: *Die Christenheit oder Europa. Ein Fragment*

Entst.: 1799 – ED: Berlin 1802 (Auszüge in: *Schriften* I); vollständig: Berlin 1826 (in: *Schriften* I, 4. Auflage)

Geschichtsphilosophische Schrift in Anlehnung an Schleiermachers *Über die Religion* (1799); vertritt das heilsgeschichtlich orientierte Geschichtsbild des Katholizismus und zeichnet die Utopie eines im Christentum vereinten Europa.

Novalis: *Hymnen an die Nacht*

ED: Berlin 1800 (in: *Athenäum*)

Frühromantischer Gedichtzyklus; verarbeitet Elemente des romantischen Mystizismus, des magischen Symbolismus und des transzendentalen Idealismus, um romantische Einheitserfahrungen jenseits des Alltagsverstandes zu vermitteln.

Georg Wilhelm Hegel: *›Das älteste Systemprogramm des deutschen Idealismus‹*

Entst.: um 1800 – ED: Heidelberg 1917

Nur als knappes Fragment in Hegels Handschrift (bei unklarer Mitwirkung Hölderlins und Schellings) überlieferter Entwurf eines neuen Denkens, das die Ideale der Französischen Revolution intellektuell verwirklichen will.

Friedrich Schiller: *Die Jungfrau von Orleans. Eine romantische Tragödie*

EA: Leipzig, 11. 9. 1801 – ED: Berlin 1801 (in: *Kalender auf das Jahr 1802*)

Formal klassizistische Tragödie um die französische Nationalheilige Jeanne d'Arc (1431 verbrannt), die deren Vita insbesondere durch übernatürliche Motive idealisiert; Zentralthema ist der kantianische Konflikt zwischen Pflicht und Neigung.

Novalis: *Heinrich von Ofterdingen*

ED: Berlin 1802

Fragment gebliebener Roman, der in Opposition zu Goethes *Wilhelm Meisters Lehrjahre* eine ideale Dichterwerdung schildern will; Poesie (als ›blaue Blume‹ symbolisiert) realisiert die universale Einheit von Natur und Geist, Endlichkeit und Unendlichkeit.

Nachtwachen. Von Bonaventura

ED: Penig 1804 (in: *Journal von neuen deutschen Original Romanen*)

Roman in 16 ›Nachtwachen‹, unter dem Pseudonym ›Bonaventura‹ veröffentlicht (als Autor gilt heute Ernst August Friedrich Klingemann); führt in grotesker Überzeichnung einzelner Lebensbereiche ein pessimistisches Weltbild vor, das die Nichtigkeit menschlichen Lebens betont (›Schwarze Romantik‹).

Achim von Arnim / Clemens Brentano: *Des Knaben Wunderhorn. Alte deutsche Lieder*

ED: Heidelberg 1806 (richtig: 1805) – 1808

Sammlung von ›Volksliedern‹ (3 Bände), in patriotischer *Opposition* zur französischen Okkupation entstanden; enthält trotz Einwänden seitens der Brüder Grimm auch Umdichtungen, Weiterverarbeitungen der Tradition und eigene Dichtungen der Herausgeber.

Georg Wilhelm Friedrich Hegel: *Phänomenologie des Geistes*

ED: Bamberg/Würzburg 1807

Philosophische Abhandlung zum objektiven Idealismus; versteht die Kulturgeschichte der Menschheit als Selbstfindungsprozess des Geistes von ursprünglicher Unreflektiertheit über Selbstbewusstsein hin zum absoluten Wissen.

Heinrich von Kleist: *Die Marquise von O…*

ED: Dresden 1808 (in: *Phoebus*)

Novelle in analytischer Erzählstruktur; zeichnet vor dem Hintergrund des Motivs einer rätselhaften Schwängerung die Widersprüchlichkeit von Verhaltensnorm und Handlungspraxis.

Heinrich von Kleist: *Penthesilea*

UA: Berlin, 25. 4. 1876 – ED: Dresden 1808

Trauerspiel als Gegenentwurf zu Goethes *Iphigenie auf Tauris*; gestaltet im antiken Mythos Grundwidersprüche der modernen Zivilisation (Gegensatz von staatlicher Ordnung und individuellem Gefühl, Geschlechterkampf).

Heinrich von Kleist: *Der zerbrochne Krug*

UA: Weimar, 2. 3. 1808 – ED: Berlin 1811

Ironisches Lustspiel, im analytischen Aufbau dem *Ödipus* des Sophokles verpflichtet; an die Stelle des Bemühens um Aufklärung der Sachverhalte (Ödipus) treten die Verdunkelungsversuche des über sich selbst zu Gericht sitzenden Dorfrichters.

Johann Wolfgang Goethe: *Faust*

UA: Braunschweig, 19.1.1829 (erste vollständige Aufführung von Teil 1); Hamburg, 4.4.1854 (Teil 2); Weimar, 6./7.5.1876 (erste ›Gesamt‹-Aufführung) – ED: Tübingen 1808 (*Faust. Eine Tragödie*); Stuttgart/Tübingen 1833 (*Faust. Der Tragödie zweiter Teil*)

Tragödie in zwei Teilen, seit 1772 entstanden in der Tradition des Volksbuchs *Historia von D. Johann Fausten* (1587) sowie der Puppenspiel-Bearbeitungen von Marlowes *Doctor Faustus*; gestaltet auf der Folie des Teufelspakt-Motivs das Prinzip unablässigen ›Strebens‹ als allgemeinmenschliches Charakteristikum (das ›Ewig-Weibliche‹ als all das, was man begehren kann).

Johann Wolfgang Goethe: *Die Wahlverwandtschaften*

ED: Tübingen 1809

Ehe-Roman, der das Verhältnis der Geschlechter analog zu dem in der Chemie auftretenden Phänomen der ›Affinität‹ analysiert; problematisiert den Konflikt von Pflicht und Neigung, von gesellschaftlicher Ordnung und der Freiheit ungebundener Liebe, der nur durch Entsagung geschlichtet werden kann.

Heinrich von Kleist: *Über das Marionettentheater*

ED: Berlin 1810 (in: *Berliner Abendblätter*)

Ästhetisch-geschichtsphilosophischer Essay in ironisierender Dialogform; diskutiert den Gegensatz zwischen Anmut (natürliche Identität mit sich selbst) und Bewusstheit (innere Spaltung), woraus sich das Dreistufenmodell eines Durchgangs zur höheren Einheit durch Reflexion ergibt.

Friedrich de la Motte Fouqué: *Undine*

ED: Berlin 1811 (in: *Die Jahreszeiten*)

Kunstmärchen auf der Grundlage von Paracelsus' *Liber de nymphis* (1590); behandelt mit der Antinomie von schuldigem Bewusstsein (Mensch) und unschuldiger Unwissenheit (Natur) einen typisch romantischen Problemkreis (vgl. Kleists *Über das Marionettentheater*).

Johann Wolfgang Goethe: *Aus meinem Leben. Dichtung und Wahrheit*

ED: Tübingen 1811–13 (Teile 1–3); Stuttgart 1833 (Teil 4)

Autobiographie; verbindet die Darstellung von Goethes Leben bis zu seinem Aufbruch nach Weimar (1775) mit der rückblickenden Deutung dieser Fakten (Einbettung der Lebensverhältnisse in historische Zusammenhänge).

Jakob und Wilhelm Grimm: *Kinder- und Hausmärchen*

ED: Berlin 1812–15

Sammlung deutscher ›Volksmärchen‹, die großenteils jedoch auf italienische und französische Kunstmärchen zurückgehen; erzeugt in wiederholten Umdichtungs- und Bearbeitungsprozessen bis 1857 (siebte Auflage der Sammlung) den Eindruck von ›Naturpoesie‹.

Adelbert von Chamisso:
Peter Schlemihl's wundersame Geschichte

ED: Nürnberg 1814

›Phantastische Novelle‹ (Thomas Mann) in Briefform; verarbeitet zahlreiche Motive und Elemente aus den Bereichen Märchen und Sage, z. B. Glückssäckel (*Fortunatus*), ›Siebenmeilenstiefel‹ (Tiecks *Phantasus*) und ›Teufelspakt‹.

E. T. A. Hoffmann:
Der goldne Topf. Ein Märchen aus der neuen Zeit

ED: Bamberg 1814 (in: *Fantasiestücke in Callots Manier*, Bd. 3)

Kunstmärchen, das sich abschließend als Produkt der eigenen Poetik des Rausches offenbart; bindet in ironischer Brechung das ›Zauberreich‹ der Phantasie an das kleinbürgerliche Alltagsleben.

Joseph von Eichendorff: *Ahnung und Gegenwart*

ED: Nürnberg 1815

Zeitroman; die episodenhaft angelegte Handlung verbindet in ›offener‹ Form gesellschaftskritische Tendenzen mit der Absage an aufklärerisches Gedankengut; in Orientierung an Goethes *Wilhelm Meister* als Entwicklungsroman konzipiert (enthält über 50 populär gewordene Lieder).

Johann Wolfgang Goethe: *Italiänische Reise*

ED: Stuttgart/Tübingen 1816/17 (*Aus meinem Leben. Zweyter Abtheilung Erster/Zweyter Theil*); vollständige Ausgabe (mit ›Zweitem römischen Aufenthalt‹): Stuttgart/Tübingen 1829

Beschreibung der Italienreise (1786-88) auf der Grundlage von Tagebuchaufzeichnungen und Briefen; begründet den Topos von Italien als Sehnsuchtsland und setzt der ästhetischen Nazarener-Mode die Erfahrung klassischer Schönheit entgegen.

Johann Wolfgang Goethe: *West-östlicher Divan*

ED: Stuttgart 1819

Gedichtsammlung in Anlehnung an orientalische Poesie (v.a. angeregt durch Hammer-Purgstalls Übersetzung von Hafis' *Diwan*, 1812/13); begreift die geistige Auseinandersetzung der westlichen mit der östlichen Kultur als dichterischen Neubeginn in Abkehr von den unsicheren Verhältnissen der Gegenwart (*Buch des Sängers*).

Arthur Schopenhauer: *Die Welt als Wille und Vorstellung*

ED: Leipzig 1819 (erschienen Ende 1818)

Philosophische Abhandlung (›Pessimismus‹) in kantianischer Tradition, die als ›Ding an sich‹ einen universalen ›Willen‹ annimmt, der als Vielfalt subjektiver ›Vorstellungen‹ erscheint; alles philosophische Erkennen läuft auf die Negation dieses Willens hinaus.

E. T. A. Hoffmann: *Des Vetters Eckfenster*

ED: Berlin 1822 (in: *Der Zuschauer*)

Poetologische Erzählung an der Grenze zwischen Romantik und Realismus; schildert in ironischem Gestus, wie sich triviale Gegebenheiten der Lebenswelt poetisch überhöhen lassen.

Friedrich Hölderlin: *Gedichte*

ED: Stuttgart 1826

Erste Ausgabe der seit 1784 entstandenen, zum Teil einzeln publizierten Gedichte: von den Maulbronner Jugendgedichten und den Tübinger Hymnen über die der klassischen Antike verpflichteten Oden der ›mittleren‹ Phase bis hin zu den in freien Rhythmen verfassten Hymnen und Elegien des Spätwerks (1800–06).

Johann Wolfgang Goethe: *Novelle*

ED: Stuttgart/Tübingen 1828

Prosadichtung; gilt als Musterbeispiel für Goethes Gattungsdefinition: ›was ist eine Novelle anders als eine sich ereignete unerhörte Begebenheit‹ (an Eckermann, 29.1.1827). Aufwertung der Novelle zu einer eigenständigen Form.

Joseph von Eichendorff: *Gedichte*

ED: Berlin 1837

Sammlung von Gedichten, die teilweise schon im Rahmen von Prosawerken (z. B. *Ahnung und Gegenwart*) veröffentlicht worden waren; im Mittelpunkt steht ›Sehnsucht‹ aufgrund der Unerreichbarkeit echter Einheit von Mensch und Natur.

Bettine von Arnim: *Dies Buch gehört dem König*

ED: Berlin 1843

Roman in Gestalt fiktiver Gespräche und Erzählungen von Goethes Mutter; thematisiert Forderungen an den preußischen König Friedrich Wilhelm IV. (politische Reformen, Beseitigung sozialer Missstände); 1852 fortgesetzt (*Gespräche mit Dämonen*).

Realismus

Christian Dietrich Grabbe: *Scherz, Satire, Ironie und tiefere Bedeutung*

UA: Wien, 7. 12. 1876 – ED: Frankfurt a. M. 1827

Groteskes Lustspiel in drei Aufzügen, das die konventionelle Liebesthematik der Commedia dell'arte um gezielte Angriffe gegen die zeitgenössische Literatur und die literarische Tradition erweitert; kritische Beleuchtung der biedermeierlichen Gesellschaft.

Heinrich Heine: ***Buch der Lieder***

ED: Hamburg 1827

Sammlung der frühen Lyrik Heines, die sich inhaltlich und formal noch an der Gattung des Volkslieds orientiert; ironisch-sentimentale Bearbeitung des traditionellen Motivs unerfüllter Liebe.

Christian Dietrich Grabbe: ***Napoleon oder die hundert Tage***

UA: Wien, 12. 8. 1868 (?) – ED: Frankfurt a. M. 1831

Drama in fünf Akten; radikalisiert die formalen Angebote des romantischen ›Universaldramas‹ ins Unspielbare (Massenszenen, Figurenvielfalt, Unüberschaubarkeit von Handlungssträngen) und entwickelt vor dem Hintergrund der Rückkehr Napoleons von der Verbannung auf Elba (1814/15) ein pessimistisches, durch die ›ewige Wiederkehr des Immergleichen‹ geprägtes Geschichtsbild.

Eduard Mörike: ***Maler Nolten. Novelle in zwei Teilen***

ED: Stuttgart 1832

Künstlerroman, in expliziter Abgrenzung zu Goethes *Wilhelm Meister* als ›Novelle‹ bezeichnet; verbindet romantische Motive (Kunst als Lebensform, Schicksalsproblematik) mit realistischer Darstellung (Psychologisierung).

Johann Nestroy: *Der böse Geist Lumpazivagabundus oder Das liederliche Kleeblatt*

UA: Wien, 11. 4. 1833 – ED: Wien 1835

Zauberposse mit Gesang in drei Akten; die Dominanz des Märchenhaften im Altwiener Volkstheater wird zugunsten realistischer Elemente abgeschwächt (Charaktere statt Typen, ›Vormärz-Fatalismus‹).

Georg Büchner: *Der Hessische Landbote. Erste Botschaft*

ED: Offenbach, Juli 1834

Sozialrevolutionäre Flugschrift, die sich an Bauern und Kleinbürger richtet und Staats-Statistiken mit Bibelsprache verbindet; in der Überarbeitung durch Friedrich Ludwig Weidig illegal gedruckt.

Karl Gutzkow: *Wally, die Zweiflerin*

ED: Mannheim 1835

Roman; die Poetisierung religionskritischer Ideen und moralkritischer Themen (sexuelle Emanzipation der Frau) forderte den Widerstand von Literaturkritik (Menzel) und Staatsgewalt heraus (Inhaftierung Gutzkows; Publikationsverbot für die Autoren des ›Jungen Deutschland‹).

Georg Büchner: *Lenz*

Entst.: 1835/36 – ED: Hamburg 1839 (in: *Telegraph für Deutschland*)

Unvollendete Erzählung (hrsg. von Karl Gutzkow); Ausgestaltung authentischer Dokumente über den Aufenthalt des seelisch kranken Dichters Jakob Michael Reinhold Lenz bei Johann Friedrich Oberlin in den Vogesen (1778).

Heinrich Heine: *Die romantische Schule*

ED: Hamburg 1836 (zuvor Teilabdrucke in deutschen und französischen Journalen)

Literaturgeschichtliche Abhandlung, die dem Publikum in Frankreich eine sachgerechtere Vorstellung von den poetischen Entwicklungen in Deutschland vom Mittelalter bis zu Goethe vermitteln will als Madame de Staëls *De l'Allemagne* (1813); polemisch-ironische Kritik an der angeblichen Gegenwartsverweigerung der Romantiker und Plädoyer für einen stärkeren Wirklichkeitsbezug der Dichtung.

Karl Leberecht Immermann: *Die Epigonen. Familienroman in neun Büchern*

ED: Düsseldorf 1836

Entwicklungsroman in Anlehnung an Goethes *Wilhelm Meister*; begründet das ›Epigonentum‹ als literarische Epochenbezeichnung in der Übergangszeit von Idealismus zu Realismus (aus der Abhängigkeit von Vorbildern der Klassik und Romantik resultierende Standortlosigkeit).

Georg Büchner: *Woyzeck*

Entst.: 1836/37 – UA: München 1913 – ED: *Wozzeck*, Frankfurt a. M. 1879 (richtig: 1880); Vorabdrucke seit 1875

Unvollendetes sozialkritisches Drama in offener Form (entstanden zwischen Juni 1836 und Februar 1837); beruht auf authentischen Kriminalfällen und zeigt die gesellschaftlichen Hintergründe eines Mordes aus Eifersucht.

Eduard Mörike: *Gedichte*

ED: Stuttgart/Tübingen 1838

Mörikes einzige, immer wieder überarbeitete Gedichtsammlung; enthält Liebeslyrik, Naturgedichte, Balladen und antikisierende Idyllen.

Ludwig Tieck: *Des Lebens Überfluß*

ED: Leipzig 1838 (in: *Urania*)

Erzählung am Indifferenzpunkt von Romantik und Realismus, die in der heimlichen Ehe zwischen einer Adeligen und einem Bürgerlichen die Differenz von idyllischer Dachstubenexistenz und zweckorientierter Lebenswirklichkeit thematisiert; der radikale Abbruch jeglicher Verbindung zur Außenwelt wird zur paradoxen Voraussetzung der märchenhaft-unwahrscheinlichen Rückkehr in ›geordnete‹ Verhältnisse.

August Heinrich Hoffmann von Fallersleben: *Unpolitische Lieder*

ED: Hamburg 1840/41

Gedichtsammlung, deren politischer Gehalt in ironischem Kontrast zum Titel steht; kritisiert auf der Grundlage der nationalliberalen Forderung nach ›Einigkeit und Recht und Freiheit‹ (*Deutschlandlied*) das politische Desinteresse des Bürgertums sowie die repressive Politik der Regierenden.

Annette von Droste-Hülfshoff: *Die Judenbuche. Ein Sittengemälde aus dem gebirgigten Westphalen*

ED: Stuttgart/Tübingen 1842 (in: *Morgenblatt für gebildete Leser*)

Kriminalerzählung; thematisiert unter psychologischer Aufbereitung der gesellschaftlichen Hintergründe eines Verbrechens den Zusammenhang von Schuld und Sühne.

Berthold Auerbach: *Schwarzwälder Dorfgeschichten*

ED: Mannheim 1843–54

International erfolgreiche Sammlung realistischer Erzählungen in vier Bänden, die charakteristische Konflikte des Lebens auf dem Land literaturfähig macht.

Annette von Droste-Hülshoff: *Gedichte*

ED: Stuttgart/Tübingen 1844

Romantisch-realistische Gedichtsammlung (›Zeitbilder‹, ›Haidebilder‹, ›Fels, Wald und See‹, ›Gedichte vermischten Inhalts‹, ›Scherz und Ernst‹, ›Balladen‹).

Friedrich Hebbel: *Maria Magdalena*

UA: Königsberg, 13. 3. 1846 – ED: Hamburg 1844

Bürgerliches Trauerspiel in drei Akten (gestützt auf Hegels Tragödientheorie), das den Konflikt nicht mehr im Standesgegensatz von Bürgertum und Adel, sondern innerhalb der kleinbürgerlichen Lebenswelt lokalisiert; bildet den Übergang vom ›Bürgerlichen Trauerspiel‹ des 18. Jh. (Lessing, Schiller) zum sozialen Drama des 19. Jh. (Hauptmann).

Heinrich Heine: *Deutschland. Ein Wintermärchen*

ED: Hamburg 1844

Satirisches Versepos (vierzeilige Strophen in gereimten Jamben); kritisiert im Rahmen einer Reise von Paris über Aachen nach Hamburg die politischen Verhältnisse in Deutschland und formuliert frühsozialistische Hoffnungen.

Franz Grillparzer: *Der arme Spielmann*

ED: Pest 1847 (in: *Iris. Deutscher Almanach für 1848*)

Novelle mit autobiographischen Zügen, entstanden seit 1831; thematisiert an der Lebensgeschichte des Geigers Jakob, dessen Dilettantismus Ausdruck vollständiger Entfremdung von der Gesellschaft ist, den Kontrast von universalistischem Kunstanspruch und künstlerischem Unvermögen.

Franz Grillparzer: *Ein Bruderzwist in Habsburg*

Entst.: 1825–48 – UA: Wien, 24. 9. 1872 – ED: Stuttgart 1872

Trauerspiel in fünf Aufzügen (beendet 1848); problematisiert die Tragik politischer Verantwortlichkeit: die aus moralischen Bedenken resultierende Passivität des Habsburger Kaisers Rudolf II. führt zur Gefährdung der staatlichen Ordnung.

Karl Marx / Friedrich Engels: *Manifest der Kommunistischen Partei* (›Kommunistisches Manifest‹)

ED: London 1848

Sozialistische Programmschrift; beschreibt die Geschichte des Proletariats als Geschichte der Produktionsverhältnisse, kritisiert die Gesellschaftsform des Kapitalismus und fordert die Aufhebung des Privateigentums an Produktionsmitteln.

Georg Weerth: *Leben und Thaten des berühmten Ritters Schnapphahnski*

ED: Köln 1848/49

Erster deutscher Feuilletonroman (in Fortsetzungen in der von Marx herausgegebenen *Neuen Rheinischen Zeitung* erschienen); zeitkritische Entlarvung historischen Geschehens durch satirisch verfremdende Darstellung.

Theodor Storm: *Immensee*

ED: Altona 1849 (in: *Volksbuch auf das Jahr 1850 für Schleswig, Holstein und Lüneburg*); Zweitfassung: Berlin 1851 (in: *Sommergeschichten und Lieder*)

Idealtypische Novelle des Realismus (Differenz von Rahmenerzählung und Binnengeschichte, symbolische Vernetzung); verknüpft Erinnerungsbilder unerreichten Liebesglücks.

Gustav Freytag: *Die Journalisten*

UA: Breslau, 8. 12. 1852 – ED: Leipzig 1854

Lustspiel in vier Akten, das den Journalismus als gesellschaftliche Triebkraft bei der Aushandlung parteipolitischer Differenzen sowie als Vermittler zwischen Politik und bürgerlich-privatem Leben vorführt; gehört bis in die erste Hälfte des 20. Jh. mit Lessings *Minna von Barnhelm* und Kleists *Der zerbrochne Krug* zu den meistgespielten Stücken auf deutschsprachigen Bühnen.

Adalbert Stifter: *Bunte Steine. Ein Festgeschenk*

ED: Pest 1853

Sammlung realistischer Erzählungen; in der Vorrede formuliert Stifter sein poetologisches Programm des ›sanften Gesetzes‹: die Ablehnung einer vordergründig eindrucksvollen Gestaltung sprunghafter Wandlungen.

Gottfried Keller: *Der grüne Heinrich*

ED: Braunschweig 1854/55 (erste Fassung); Stuttgart 1879/80 (zweite Fassung)

Autobiographisch fundierter Künstlerroman, der erst in der zweiten Fassung in einen positiven Schluss mündet; thematisiert unter dem Einfluss von Ludwig Feuerbachs Materialismus den Konflikt zwischen Realität und Phantasie, zwischen Individuum und Gesellschaft.

Gustav Freytag: *Soll und Haben*

ED: Leipzig 1855

Roman in der Tradition von Walter Scott und Charles Dickens; verherrlicht in klischeehafter Darstellung von Adel, Bürgertum und Judentum das Arbeitsethos des Kaufmannsstandes.

Paul Heyse: *L'Arrabbiata*

ED: Berlin 1855

Für Heyses später entwickelte ›Falkentheorie‹ (vgl. seine Einleitung zum *Deutschen Novellenschatz* von 1871) prototypische Novelle im Milieu süditalienischer Fischer: Ein einprägsames Motiv, das zugleich den Deutungskern des Textes transportiert, bildet den Wendepunkt der Handlung.

Gottfried Keller: *Die Leute von Seldwyla*

ED: Braunschweig 1856 (Teil 1); Stuttgart 1874 (Teil 2)

Sammlung von zehn Novellen, in denen die gesellschaftlichen Verhältnisse eines dem Schilda-Motiv nachgebildeten fiktiven Orts (Seldwyla) auf teils satirisch-humoristische, teils grotesk-tragische Weise beleuchtet werden.

Otto Ludwig: *Zwischen Himmel und Erde*

ED: Frankfurt a. M. 1856

Erzählung um den Konflikt zwischen zwei ungleichen Brüdern; verwirklicht Ludwigs Theorie des ›Poetischen Realismus‹ (1874 in den *Roman-Studien* zusammengefasst), der hinter der humorvoll geschilderten Wirklichkeit eine sinnvolle Ordnung aufzeigen will.

Friedrich Nietzsche: *Die Geburt der Tragödie aus dem Geiste der Musik*

ED: Leipzig 1872

Philosophisch-kulturhistorische Abhandlung, die mit dem ›Dionysischen‹ (Rausch, Entgrenzung, Musik) und ›Apollinischen‹ (schöner Schein, Maß, Sprache) zwei polare Grundtendenzen von Natur und Kunst beschreibt; problematisiert mit dem sokratischen Vernunftoptimismus zugleich das klassische Griechen-Ideal.

Conrad Ferdinand Meyer: *Das Amulett*

ED: Leipzig 1873

Novelle mit Rahmenhandlung (historischer Hintergrund ist das Massaker an den Hugenotten in der Pariser Bartholomäusnacht 1572); realisiert mit Objektivität, Kürze und Historizität des Stoffs Meyers Novellen-Definition (Berufung auf die italienische Tradition).

Felix Dahn: *Ein Kampf um Rom*

ED: Leipzig 1876

Historischer Roman in sieben Büchern; schildert in epischer Breite bei wissenschaftlichem Anspruch (›Professorenroman‹) das Ende der Ostgotenherrschaft in Italien (6. Jh. n. Chr.).

Wilhelm Raabe: *Pfisters Mühle*

ED: Leipzig 1884

Erzählung, die sich als eines der ersten Werke der deutschen Literatur kritisch mit der Industrialisierung auseinandersetzt; die romantische Naturidylle wird von der modernen Technisierung und ihren Folgen für die Umwelt verdrängt.

Theodor Storm: *Der Schimmelreiter*

ED: Berlin 1888 (in: *Deutsche Rundschau*)

Novelle mit potenzierter Rahmenhandlung; die mit realistischen Erzählelementen verwirklichte Gespenstersage um den Deichgrafen Hauke Haien wird im Kampf des Protagonisten gegen Aberglauben und Fortschrittsfeindlichkeit zu einem Manifest der Aufklärung und Humanität.

Theodor Fontane: *Effi Briest*

ED: Berlin 1894/95 (in: *Deutsche Rundschau*)

Roman, der im stofflichen Rahmen eines Ehebruchs vordergründig die Problematik einer Heirat aus Konvention aufzeigt, die Banalität dieses Motivs aber durch erzählerische Ironie transzendiert.

Theodor Fontane: *Der Stechlin*

ED: Stuttgart 1897 (in: *Über Land und Meer*)

Roman, der im Spannungsfeld von Restauration und Innovation das Herannahen einer neuen Zeit reflektiert; Reduktion der Handlung zugunsten ausgedehnter Dialogführung.

Naturalismus/Expressionismus

Friedrich Nietzsche: *Also sprach Zarathustra. Ein Buch für Alle und Keinen*

ED: Chemnitz 1883/84 (Teile 1–3); Leipzig 1885 (Teil 4, Privatdruck)

Philosophische Dichtung, deren antinihilistisch-vitalistische Lehren um das Modell des künftigen ›Übermenschen‹ kreisen, der in einer transzendenzlosen Welt die »ewige Wiederkunft des Gleichen« bejahen kann.

Gerhart Hauptmann: ***Bahnwärter Thiel. Novellistische Studie aus dem märkischen Kiefernforst***

ED: Leipzig 1888 (in: *Die Gesellschaft*)

Erzählung im Übergang vom Realismus zum Naturalismus; gestaltet das Motiv des Mannes zwischen zwei Frauen als sozial und sexuell bestimmte Verfallsgeschichte mit symbolischer Überhöhung.

Arno Holz / Johannes Schlaf: ***Die Familie Selicke***

UA: Berlin, 7. 4. 1890 – ED: Berlin 1890

Prosadrama in drei Aufzügen, das die naturalistische Forderung nach präziser Darstellung der Wirklichkeit konsequent umsetzt (›Sekundenstil‹); zeigt kleinbürgerliche Charaktere in ihrer Determiniertheit durch das Milieu.

Frank Wedekind: ***Frühlings Erwachen. Eine Kindertragödie***

UA: Berlin, 20. 11. 1906 – ED: Zürich 1891

Schauspiel in drei Akten (Prosa); schildert in lockerer Szenen-Reihung mit antinaturalistischen Effekten (groteske Karikatur, lyrische Intensität) das Scheitern Jugendlicher an der bürgerlichen Sexualmoral.

Arno Holz: *Die Kunst. Ihr Wesen und ihre Gesetze*

ED: Berlin 1891/92

Programmschrift des Naturalismus; postuliert die wissenschaftlich objektivierbare Gesetzmäßigkeit der Kunst und eine möglichst getreue Nachbildung der Natur, soweit es ›Reproduktionsbedingungen‹ und ›Handhabung‹ jeweils gestatten (›Kunst = Natur – x‹).

Gerhart Hauptmann: *Die Weber. Schauspiel aus den vierziger Jahren*

UA: Berlin, 26. 2. 1893 – ED: Berlin 1892

Soziales Drama (fünf Akte, Prosa) vor dem Hintergrund des schlesischen Weber-Aufstandes 1844; als kollektive Handlungsträger begreifen die Weber ihre Lage als Ausbeutung und erheben sich gewaltsam gegen die reichen Unternehmer.

Stefan George: *Algabal*

ED: Paris 1892 (Privatdruck); Berlin 1899

Symbolistisch-neuromantischer Gedichtzyklus, in dem Ästhetizismus, Amoralismus, Formschönheit und Vorliebe für Erlesenes eine hermetische Kunstwelt bilden (›l'art pour l'art‹); Höhepunkt der unter französischem Einfluss (Baudelaire, Mallarmé) gegen den Naturalismus gerichteten Frühphase Georges.

Hugo von Hofmannsthal: *Der Thor und der Tod*

UA: München, 13. 11. 1898 – ED: München 1893 (in: *Moderner Musen-Almanach auf das Jahr 1894*)

Lyrisches Drama in einem Akt; veranschaulicht am Erlebnis des Todes (Totentanz-Motiv) die Lebensfremdheit des Ästhetizismus im Fin de siècle.

Arthur Schnitzler: *Lieutenant Gustl*

ED: Wien 1900 (in: *Neue Freie Presse*)

Erzählung, die erstmals in der deutschen Literatur den ›inneren Monolog‹ als tragendes Erzählprinzip einsetzt; zeigt die zerstörerische Wirkung des militärischen Ehrenkodex auf die Psyche des Helden.

Sigmund Freud: *Die Traumdeutung*

ED: Leipzig/Wien 1900

Psychoanalytische Abhandlung, die den Zusammenhang zwischen Leben und Traum darlegt; Trauminhalte sollen in der Analyse vom Therapeuten gedeutet werden, um Lebenskonflikte zu bewältigen.

Arthur Schnitzler: *Reigen. Zehn Dialoge*

UA: München, 25. 6. 1903 (Szenen 4–6); Berlin, 23. 12. 1920 – ED: (Wien) 1900 (Privatdruck); Wien/Leipzig 1903

Prosakomödie in zehn zyklisch verbundenen Szenen; entlarvt seelische Kälte und Fremdheit in den sexuellen Beziehungen zwischen Männern und Frauen verschiedenster gesellschaftlicher Schichten (vom Autor verhängte Theatersperre 1921–81).

Thomas Mann: *Buddenbrooks. Verfall einer Familie*

ED: Berlin 1901

Teilweise auf eigenen familiären Erfahrungen beruhender Gesellschaftsroman; erzählt unter dem Einfluss Schopenhauers und Nietzsches vom Verlust bürgerlicher Lebensfähigkeit infolge zunehmender Verfeinerung geistiger und ästhetischer Neigungen in einer Lübecker Patrizierfamilie des 19. Jh.

Hugo von Hofmannsthal: *Ein Brief*

ED: Berlin, 18./19. 10. 1902 (in: *Der Tag*)

Poetologischer Essay in Briefform (›Chandos-Brief‹), in dem ein fiktiver englischer Erfolgsautor dem Staatsmann und Philosophen Francis Bacon (1561–1626) die Gründe nennt, warum er nicht mehr schreiben wird; skizziert die Idee einer Poesie, die im Gegensatz zur Abstraktheit der Normalsprache magisch-mythische Qualität gewinnt, d. h. ihren Darstellungen reale ›Präsenz‹ verleiht.

Christian Morgenstern: *Galgenlieder*

ED: Berlin 1905

Sammlung grotesker Lyrik, 1932 mit *Palmström* (1910), *Palma Kunkel* (1916) und *Der Gingganz* (1919) unter dem Titel *Alle Galgenlieder* vereinigt; skurril-phantastische Sprachspiele als Sprach- und Zeitkritik.

Robert Musil: *Die Verwirrungen des Zöglings Törleß*

ED: Wien/Leipzig 1906

Erzählung; schildert am Modell einer Pubertätskrise den Versuch, über das Erlebnis von Sadismus und Homosexualität Einsichten in die irrationale Subjektivität der menschlichen Seele zu gewinnen.

Robert Walser: *Jakob von Gunten. Ein Tagebuch*

ED: Berlin 1909

Roman; schildert mit stiller Melancholie die Impressionen eines Internatsschülers, dessen teilweise wahnhaft verfremdetes Erleben einer bedrohlichen Umwelt auf Kafka vorausweist.

Rainer Maria Rilke: *Die Aufzeichnungen des Malte Laurids Brigge*

ED: Leipzig 1910

Montage-Roman (Tagebuch-Notizen eines gescheiterten Dichters, fantastisch überhöhte Kindheitserinnerungen, historisch-literarische Fragmente); gestaltet in radikaler Modernität die Erfahrung einer sinnentleert-hässlichen Großstadt im Kontrast mit der schreckensvollen Kindheit in einer Adelsfamilie).

Hugo von Hofmannsthal:
Jedermann. Das Spiel vom Sterben des reichen Mannes

UA: Berlin, 1.12.1911 – ED: Berlin 1911

Mysterienspiel in Versen, das den mittelalterlichen Stoff (Hinfälligkeit des irdischen Reichtums vor Tod und Ewigkeit, Erlösung durch Gottes Gnade) gegenwartskritisch umformt.

Wassily Kandinsky: *Über das Geistige in der Kunst*

ED: München 1911

Kunstphilosophische Abhandlung, die den Übergang zur abstrakten (nicht-figurativen) Malerei begründet; erläutert die ästhetische Eigengesetzlichkeit eines jeden Kunstwerks (ob Malerei oder Dichtung), das nicht auf die Gegebenheiten der Lebenswelt verpflichtet ist.

Thomas Mann: *Der Tod in Venedig*

ED: München 1912

Novelle mit autobiographischen Bezügen, die die tragische Entwürdigung eines Künstlers (Schriftstellers) anhand des Motivs platonischer Knabenliebe thematisiert; in mythologischer Überhöhung unterliegt das bürgerlich-moralische Kunstideal apollinischer Schönheit einer dekadenten, dionysisch-rauschhaften Sinnlichkeit.

Alfred Döblin: *Die Ermordung einer Butterblume und andere Erzählungen*

ED: München/Leipzig 1912

Sammlung früher Erzählungen Döblins mit teils surrealen, märchenhaften Motiven, wegweisend für den Expressionismus und die literarische Moderne v. a. wegen der Inszenierung pathologischer Dimensionen des Unbewussten; reflektiert Erkenntnisse der zeitgenössischen Psychiatrie.

Franz Kafka: *Die Verwandlung*

ED: Leipzig 1915

Erzählung, die sachlich-nüchtern die zunehmende Isolierung und den Untergang der Hauptfigur nach ihrer grotesken Verwandlung in ein Ungeziefer beschreibt und damit verdrängte Wahrheiten entlarvt: das ausweglose Leiden an der Unmenschlichkeit sowohl des Vaters und der Familie wie auch der Gesellschaft.

Gottfried Benn: *Gehirne*

ED: Leipzig 1915/16 (in: *Die weißen Blätter*)

Fünf thematisch verknüpfte Prosastücke um einen Arzt; behandeln in expressionistischen Sprach-Experimenten (Assoziationsstil) Bewusstseinszerfall und Wirklichkeitsverlust.

Heinrich Mann: *Der Untertan*

ED: Leipzig/München 1916 (Privatdruck); Leipzig 1918

Satirischer Roman, der den imperialistischen Staat der Wilhelminischen Ära scharf attackiert (Teilveröffentlichungen in Zeitschriften 1911–14, Erscheinen in Deutschland bis 1918 behindert); bietet als Entwicklungsgeschichte eines Unternehmers die sozialpsychologische Analyse des deutschen Untertanengeistes.

Ernst Bloch: *Geist der Utopie*

ED: München/Leipzig 1918 (Zweitfassung: Berlin 1923)

Geschichtsphilosophische Reflexionen im fragmentarisch-prophetischen Sprachstil des Expressionismus, der die wissenschaftliche Entzauberung der Moderne aus gleichermaßen vom Marxismus wie vom jüdischen Messianismus geprägter Perspektive kritisiert; entwirft die Gegenwart als historische offene Gemengelage, deren emanzipatorisches Potenzial sich insbesondere in der zeitgenössischen Kunst manifestiert.

Georg Kaiser: *Gas*

UA: Frankfurt a. M., 28. 11. 1918 – ED: Berlin 1918

Expressionistisches Schauspiel in fünf Akten (Prosa); wendet sich gegen die Vermassung durch industrielle Mechanisierung, in der Fortsetzung (*Gas. Zweiter Teil*, Potsdam 1920) gegen das Kriegsrüsten; äußerste Abstraktion in Sprache und Figurengestaltung.

Karl Kraus: ***Die letzten Tage der Menschheit. Tragödie in fünf Akten mit Vorspiel und Epilog***

UA: Wien, 4. 2. 1923 (nur *Epilog*); Wien, 14. 6. 1964 – ED: Wien 1918/19 (in: *Die Fackel*)

Lesedrama in Prosa und Versen, das auf dokumentarischem Material basiert; führt mit sprachkritischer Satire den Untergang von Menschlichkeit und Kultur im Ersten Weltkrieg v. a. auf die verlogene Phrasenhaftigkeit der Tagespresse zurück.

Kurt Pinthus *(Hrsg.)*: ***Menschheitsdämmerung. Symphonie jüngster Dichtung***

ED: Berlin 1919

Bedeutendste Anthologie expressionistischer Lyrik; suggeriert das Bild einer homogenen Bewegung mit zwei Haupttendenzen: pessimistische Untergangsstimmung und pazifistische bzw. revolutionär-utopische Erneuerungshoffnung (Autoren: Werfel, Hasenclever, Klemm, Ehrenstein, Däubler, Lasker-Schüler, Becher, Heym, Stramm, Schickele, Stadler, Trakl, Benn, von Hoddis u. a.).

Ernst Toller: ***Die Wandlung. Das Ringen eines Menschen***

UA: Berlin, 30. 9. 1919 – ED: Potsdam 1919

Expressionistisches Verkündigungsdrama (Prosa und Vers) in sechs Stationen und einem Vorspiel (›Stationendrama‹); propagiert den Wandel zum ›neuen Menschen‹, d. h. zum Kriegsgegner und proletarischen Revolutionär.

Bertolt Brecht: *Trommeln in der Nacht*

UA: München, 29. 9. 1922 – ED: München 1922

›Komödie‹ in fünf Akten (Prosa), die als expressionistisches Heimkehrerdrama Kriegsgewinnler und Kriegsopfer vor dem Hintergrund des Berliner Spartakusaufstandes (1919) konfrontiert; erstmals bewusster Einsatz von Verfremdungseffekten.

Weimarer Republik / Drittes Reich

Kurt Schwitters: *Anna Blume*

ED: Hannover 1919

Dadaistische Gedichtsammlung; montiert vorgefundene (vor allem nichtliterarische) Materialien zu Nonsense-Lyrik.

Ernst Jünger: *In Stahlgewittern. Aus dem Tagebuch eines Stoßtruppführers*

ED: Hannover 1920

Kriegstagebuch aus dem Ersten Weltkrieg (später mehrfach überarbeitet); stilisiert den Krieg mit heroischer Gelassenheit zum Naturereignis.

Rainer Maria Rilke: *Duineser Elegien*

ED: Leipzig 1923

Zyklus von zehn Elegien in freien, reimlosen Rhythmen; elegische Verzweiflung an der menschlichen Unzulänglichkeit verbindet sich mit hymnischer Daseinsbejahung.

Egon Erwin Kisch: *Der rasende Reporter*

ED: Berlin 1925 (richtig: 1924)

Gesammelte Reportagen; begründet die Gattung der literarischen Reportage mit den Prinzipien: außergewöhnliche Themen, objektive Darstellung, humanitäres Engagement.

Thomas Mann: *Der Zauberberg*

ED: Berlin 1924

Roman, der parodistisch-ironisch an die Traditionen von Zeit-, Bildungs- und Gesellschaftsroman anknüpft; Krankheit und Verlust des Zeitgefühls, dazu Streitgespräche zu Zeitfragen ergeben das Panorama einer kritischen Analyse dekadenter Bürgerlichkeit vor 1914.

Franz Kafka: *Das Schloß*

ED: München 1926

Roman-Fragment; erzählt das groteske und ausweglose Ringen eines Individuums um die Anerkennung durch eine undurchschaubare höhere Macht, die als labyrinthisch unzugängliche Schlossbürokratie dargestellt ist.

Martin Heidegger: *Sein und Zeit*

ED: Halle a. d. S. 1927

Fundamentalontologische Abhandlung; geht in rationalismuskritischer Absicht der Frage nach dem Sinn des menschlichen Daseins nach.

Hermann Hesse: *Der Steppenwolf*

ED: Berlin 1927

Roman in Form von Aufzeichnungen eines kulturpessimistischen Außenseiters, dessen quälende Selbst- und Zeitanalysen in den Bereich des Irrationalen und Surrealen führen; Leiden am geistfeindlichen Materialismus der modernen bürgerlichen Welt.

Bertolt Brecht: *Die Dreigroschenoper*

UA: Berlin, 31. 8. 1928 – ED: Wien 1929

Stück in drei Akten mit einem Vorspiel und Songs (Musik von Kurt Weill), das der Vorlage von John Gays *Beggar's Opera* (1728) folgt; will in satirischer Überspitzung die bürgerliche Existenzform als Ausbeutungssystem entlarven.

Erich Maria Remarque: *Im Westen nichts Neues*

ED: Berlin 1928 (in: *Vossische Zeitung*)

Antikriegsroman; berichtet mit schonungslosem Realismus von den Fronterlebnissen jugendlicher Soldaten im Ersten Weltkrieg (1933 verboten).

Alfred Döblin: ***Berlin Alexanderplatz. Die Geschichte vom Franz Biberkopf***

ED: Berlin 1929 (1928/29 verschiedentlich Vorabdrucke)

Großstadtroman, der die Totalitätserfahrung moderner Existenz mit einer vielschichtigen, expressiven Sprachgestaltung einfängt; an James Joyce und John Dos Passos erinnernde Techniken (Montage, Simultaneität, ›stream of consciousness‹) begründen die kritische Distanz des Erzählers.

Kurt Tucholsky: ***Deutschland, Deutschland über alles. Ein Bilderbuch von Kurt Tucholsky und vielen Fotografen. Montiert von John Heartfield***

ED: Berlin 1929

Sammlung von Photographien und kommentierenden Texten; kritisiert in unterschiedlichsten Textformen (Vers und Prosa) Militarismus, soziale Ungerechtigkeit und Klassenjustiz in der Weimarer Republik.

Lion Feuchtwanger: ***Erfolg. Drei Jahre Geschichte einer Provinz***

ED: Berlin 1930

Erster Teil der Schlüsselroman-Trilogie *Der Wartesaal*; kritische Auseinandersetzung mit dem aufkommenden Nationalsozialismus in Bayern (1920–23) sowie mit der Rolle der Intellektuellen und Künstler im Staat.

Bertolt Brecht: *Die Maßnahme*

UA: Berlin, 13./14. 12. 1930 – ED: Berlin 1931

›Lehrstück‹ in acht Bildern (Musik von Hanns Eisler), das Widersprüche der marxistischen Ethik und Möglichkeiten ihrer Praxis zum Zweck der ›Selbstaufklärung‹ von Kollektiven untersucht; indem die Spieler ihre Rollen wechseln (›Einnehmen von Haltungen‹), sollen sie sich der Problematik revolutionären Handelns bewusst werden.

Robert Musil: *Der Mann ohne Eigenschaften*

ED: Berlin 1930–33 (Band 1/2), Lausanne 1943 (Bd. 3, postum)

Roman (unvollendet), der in satirisch-essayistischer Weise die soziale und kulturelle Krise Österreichs vor dem Ersten Weltkrieg analysiert.

Erich Kästner: *Fabian. Die Geschichte eines Moralisten*

ED: Stuttgart/Berlin 1931

Satirischer Roman der Neuen Sachlichkeit; schildert aus der Sicht eines Moralisten den sittlichen und politischen Verfall des zeitgenössischen Berlin.

Hermann Broch: *Die Schlafwandler*

ED: München/Zürich 1931/32

Romantrilogie (*Pasenow oder die Romantik 1888*; *Esch oder die Anarchie 1903*; *Huguenau oder die Sachlichkeit 1918*); verfolgt mit chronologisch wechselnden Erzähltechniken den Zerfall religiöser, ethischer und gesellschaftlicher Wert- und Ordnungssysteme (integrierter Essay: *Zerfall der Werte*).

Ödön von Horváth: ***Kasimir und Karoline***

UA: Leipzig, 18. 11. 1932 – ED: Berlin 1932

Volksstück in 117 Szenen, das die Nestroy-Tradition aktualisiert fortführt; demaskiert in anekdotischer Szenenreihung die verwirrte Gefühlswelt armer und reicher Bürger im zeitgenössischen München.

Irmgard Keun: ***Das kunstseidene Mädchen***

ED: Berlin 1932

Gesellschaftskritischer Roman der ›Neuen Sachlichkeit‹; schildert tagebuchartig direkt und sprachlich ungekünstelt den Lebenshunger einer jungen Frau im kleinbürgerlichen Milieu der späten Weimarer Republik; von den Nationalsozialisten als ›Asphaltliteratur‹ verboten.

Joseph Roth: ***Radetzkymarsch***

ED: Frankfurt a. M. 1932 (in: *Frankfurter Zeitung*)

Roman; schildert im melancholisch-ironischen Rückblick den Untergang der österreichischen Monarchie am Beispiel einer Offiziers- und Beamtenfamilie.

Walter Benjamin: ***Das Kunstwerk im Zeitalter seiner technischen Reproduzierbarkeit***

Entst.: 1935 – ED: 1936 (französische Übersetzung in: *Zeitschrift für Sozialforschung*); deutscher ED (3. Fassung): Frankfurt a. M. 1995 (in: *Schriften* I)

›Materialistisch‹-dialektische Kunsttheorie, die nach den ästhetisch-sozialen Folgen technischer Innovationen fragt: Erleichtert die massenhafte Vervielfältigung einerseits den Zugang zu Werken der Kunst, geht sie zugleich mit dem Verlust der ›Aura‹ von Unikaten einher; dient sie einerseits der Emanzipation unterprivilegierter Bevölkerungsschichten, erleichtert sie andererseits die faschistische Indoktrination; die Montage-Technik des populären Films verändert die Wahrnehmung der Realität.

Elias Canetti: ***Die Blendung***

ED: Wien/Leipzig/Zürich 1935/36

Roman; beschreibt den Untergang eines von seiner Geistigkeit besessenen Wahnsinnigen in einer grotesken Welt körperlich, seelisch und sprachlich Verkrüppelter, in der gegenseitiges Verstehen unmöglich geworden ist.

Heinrich Mann: *Die Jugend des Königs Henri Quatre – Die Vollendung des Königs Henri Quatre*

ED: Amsterdam 1935/38

Historischer Roman in zwei Teilen mit deutlichem Gegenwartsbezug; zeichnet den französischen König Henri IV. (1553–1610) als Vorbild im Kampf für Humanität, Toleranz und ein geeintes Europa.

Bertolt Brecht: *Svendborger Gedichte*

ED: Moskau 1937 (nur Teil 1: *Deutsche Kriegsfibel*, in: *Das Wort*); London 1939

Gedichtsammlung in sechs Abteilungen; verurteilt den Nationalsozialismus und thematisiert die persönliche Betroffenheit im skandinavischen Exil.

Reinhold Schneider: *Las Casas vor Karl V. Szenen aus der Konquistadorenzeit*

ED: Leipzig 1938

Historische Erzählung, die den Protest des Dominikanermissionars Las Casas (1474–1566) gegen die brutale Ausbeutung der Indios schildert; artikuliert indirekt den katholischen Widerstand gegen die Judenverfolgung im Dritten Reich.

Klaus Mann: *Der Vulkan. Roman unter Emigranten*

ED: Amsterdam 1939

Roman mit autobiographischen Zügen; veranschaulicht episodisch das Exilerlebnis deutscher Künstler und Intellektueller und diskutiert Möglichkeiten des Widerstands.

Anna Seghers: *Das siebte Kreuz. Roman aus Hitlerdeutschland*

ED: Moskau 1939 (in: *Internationale Literatur*)

Antifaschistischer Widerstandsroman; thematisiert die Schrecken und Schwächen des organisierten Terrors (Konzentrationslager) im Deutschland des Jahres 1937.

Else Lasker-Schüler: *Mein blaues Klavier. Neue Gedichte*

ED: Jerusalem 1943

Gedichtzyklus; schwermütige Flucht vor der Trostlosigkeit der Welt (Exil) in Phantastik und Todesahnungen.

1945–1989: Bundesrepublik Deutschland, Österreich, Schweiz

Max Horkheimer / Theodor W. Adorno: *Dialektik der Aufklärung. Philosophische Fragmente*

ED: New York 1944

Philosophisch-soziologische Abhandlung, die den Prozess der ›Aufklärung‹ problematisiert und zeigt, wie rationalistische ›Entzauberung‹ selbst in Mythisierung umschlägt; kritisiert die Vernunft als Organ von Herrschaft und verfolgt sie in ihren Ausprägungen von Odysseus über Kant, de Sade, Nietzsche bis hin zum Faschismus.

Elisabeth Langgässer: *Das unauslöschliche Siegel*

ED: Hamburg 1946

Roman, der das heilsgeschichtliche Ringen zwischen Gottes Gnade und satanischer Versuchung um die Seele eines getauften Juden beschreibt; Auflösung des epischen Raum-, Zeit- und Kausalitätsgefüges.

Carl Zuckmayer: *Des Teufels General*

UA: Zürich, 12. 12. 1946 – ED: Stockholm 1946

Heldendrama in drei Akten (Prosa), das moralische Skrupellosigkeit problematisiert; deutet den Nationalsozialismus als Teufelswerk und thematisiert Möglichkeiten des Widerstands.

Wolfgang Borchert: *An diesem Dienstag*

ED: Hamburg/Stuttgart 1947

19 stilbildende Kurzgeschichten; liefern in lapidarem Reihungsstil eine angemessene Form für die Verarbeitung des Erlebnisses von Kriegs- und Nachkriegszeit, von Ausgesetztsein und unerfüllter Sehnsucht nach Geborgenheit.

Wolfgang Borchert: *Draußen vor der Tür. Ein Stück, das kein Theater spielen und kein Publikum sehen will*

UA: Hamburg, 21.11.1947 (als Hörspiel: Hamburg, NWDR, 13.2.1947) – ED: Hamburg/Stuttgart 1947

Schauspiel in fünf Prosaszenen, wichtigster Beitrag zur ›Trümmerliteratur‹ nach 1945; veranschaulicht mit expressionistischer Eindringlichkeit das erbarmungslose Ausgestoßensein eines Russlandheimkehrers.

Thomas Mann: *Doktor Faustus. Das Leben des deutschen Tonsetzers Adrian Leverkühn erzählt von einem Freunde*

ED: Stockholm 1947

Roman mit Rahmen-Erzähler, der das Schicksal eines Komponisten mit der deutschen Zeitgeschichte verschränkt; angesichts des faschistischen Grauens führt eine genial vollendete Kunst ohne ethisch-moralische Grundlage (Teufelspakt) in den Untergang.

Nelly Sachs: *In den Wohnungen des Todes*

ED: Berlin 1947

Gedichtband, der das eigene Entsetzen über das Leiden und Sterben des jüdischen Volkes im Holocaust thematisiert.

Günter Eich: *Abgelegene Gehöfte*

ED: Frankfurt a. M. 1948

Lyriksammlung mit exemplarischen Beiträgen zur ›Trümmerliteratur‹ der Nachkriegszeit (u. a. Eindrücke der Kriegsgefangenschaft: *Inventur*, *Latrine*).

Gottfried Benn: *Statische Gedichte*

ED: Zürich 1948

Gedichtsammlung, entstanden 1937–47; stellt einer in sinnloser Entwicklung verlaufenden Wirklichkeit die bewahrende, ›statische‹ Kraft der Kunstwerke entgegen.

Heinrich Böll: *Wanderer, kommst du nach Spa …*

ED: Opladen 1950

Sammlung von 25 Kurzgeschichten; zeigt unter formaler Anlehnung an die amerikanische ›short story‹ Ausschnitte aus dem Leben einfacher Menschen im Kriegs- und Nachkriegschaos.

Günter Eich: *Träume*

UA: Hamburg, NWDR, 19.4.1951 – ED: Frankfurt a. M. 1953

Hörspiel; fünf Alpträume als Warnung vor einer gewaltsamen und durch Lethargie mitverschuldeten Zerstörung des Menschen.

Wolfgang Koeppen: *Tauben im Gras*

ED: Stuttgart/Hamburg 1951

Roman, der in formaler Nachahmung avantgardistischer Erzähltechniken (Joyce, Dos Passos) eine Bestandsaufnahme der deutschen Nachkriegsrealität versucht; prognostiziert das Wiedererstarken des Faschismus und den Dritten Weltkrieg.

Paul Celan: *Mohn und Gedächtnis*

ED: Stuttgart 1952

Gedichtsammlung; verarbeitet das Erlebnis der Judenvernichtung im Dritten Reich in bilder- und symbolreicher, surrealistisch und hermetisch anmutender Sprache (*Todesfuge*).

Max Frisch: *Biedermann und die Brandstifter. Ein Lehrstück ohne Lehre*

UA: Zürich, 29.3.1958 – ED: Hamburg 1955 (Hörspielfassung, in: *Hörwerke der Zeit*); Frankfurt a. M. 1958 (Theaterfassung)

Schauspiel in sechs Szenen und einem Nachspiel; Satire auf skrupelloses Wohlstandsdenken und ängstlichen Konformismus des politisch verantwortungslosen Spießers.

Ingeborg Bachmann: *Anrufung des Großen Bären*

ED: München 1956

Gedichtsammlung; ruft aus Verzweiflung an der geschichtlichen Welt (Faschismus, Nachkriegszeit, allgemeine Entfremdung) zu Widerstand und Rückzug in eine mythische Utopie der Versöhnung auf.

Heimito von Doderer: *Die Dämonen. Nach der Chronik des Sektionsrates Geyrenhoff*

ED: München 1956

Roman, der ein komplexes Bild der Wiener Gesellschaft in den zwanziger Jahren vermittelt; deutet politische und sexuelle Ideologien als dämonische ›zweite Wirklichkeit‹ und als Hindernis auf dem Weg zur individuellen Selbstfindung (›Menschwerdung‹).

Friedrich Dürrenmatt: *Der Besuch der alten Dame. Eine tragische Komödie*

UA: Zürich, 29.1.1956 – ED: Zürich 1956

Drama in drei Akten (Prosa), das auf Motive der altgriechischen Tragödie zurückgreift: Verhängnis, Schuld, Sühne, Rache usw.; groteske Satire auf die Käuflichkeit spießbürgerlicher Moral.

Arno Schmidt: *Das steinerne Herz. Historischer Roman aus dem Jahre* 1954

ED: Karlsruhe 1956

Roman mit polemischen Reflexionen zum wiederaufrüstenden Adenauer-Deutschland sowie (erstmals in der westdeutschen Nachkriegsdichtung) zur DDR-Problematik; stark gliedernde ›Rastertechnik‹ und eine eigenwillige Orthographie, die der Phonetik und Intonation gesprochener Rede angenähert ist, geben die Bewusstseinsvorgänge der Figuren unmittelbar wieder.

Alfred Andersch: *Sansibar oder der letzte Grund*

ED: Olten / Freiburg i. Br. 1957

Roman, der die Flucht aus dem faschistischen Deutschland von 1937 in die Freiheit thematisiert; Protest gegen totalitäre Systeme und Ideologien.

Martin Walser: *Ehen in Philippsburg*

ED: Frankfurt a. M. 1957

Zeitkritischer Roman; schildert an exemplarischen Karrieren die moralischen Defizite des bundesdeutschen Bürgertums.

Hans Carl Artmann: *med ana schwoazzn dintn. gedichta r aus bradnsee*

ED: Salzburg 1958

Gedichtsammlung in Wiener Mundart, die den avantgardistischen Sprachexperimenten der ›Wiener Gruppe‹ verpflichtet ist; zeichnet ein unsentimentales, vorwiegend von schwarzem Humor und surrealistischen Elementen bestimmtes Bild des Lebens in Wien.

Heinrich Böll: *Billard um halbzehn*

ED: Köln/Berlin 1959

Zeitkritischer Roman, der vor der Folie einer Familiengeschichte die deutsche Geschichte der ersten Jahrhunderthälfte als Kontinuität autoritärer Strukturen darstellt; beschreibt aus christlicher Perspektive die basale Differenz von Gewaltmenschen (›Büffel‹) und Opfern (›Lämmer‹).

Günter Grass: *Die Blechtrommel*

ED: Darmstadt/Berlin-Spandau/Neuwied 1959

Roman, mit *Katz und Maus* (Neuwied 1961) und *Hundejahre* (Neuwied 1963) zur *Danziger Trilogie* zusammengefasst; Zeitsatire in der Tradition des Schelmenromans, die aus scheinbar naiver Außenseiterperspektive Geschichte und Gesellschaft Deutschlands (und Polens) während der ersten Jahrhunderthälfte mustert.

Hans Magnus Enzensberger: *landessprache*

ED: Frankfurt a. M. 1960

Gedichtsammlung; ideologie- und sprachkritische Problematisierung politisch-kultureller Verhältnisse in der Bundesrepublik Deutschland.

Hans-Georg Gadamer: *Wahrheit und Methode. Grundzüge einer philosophischen Hermeneutik*

ED: Tübingen 1960

Versuch, das ›Verstehen‹ zu verstehen; zeigt im ›hermeneutischen Zirkel‹ die positive Bedeutung des Vorverständnisses auf.

Marie Luise Kaschnitz: *Lange Schatten*

ED: Hamburg 1960

Sammlung von 21 Erzählungen; schildert seelische Irritationen (besonders Angst, Erschrecken) durch den Einbruch des Irrational-Dämonischen in die alltägliche Realität.

Max Frisch: *Andorra*

UA: Zürich, 2. 11. 1961 – ED: Frankfurt a. M. 1961

Stück in zwölf Bildern (Prosa); problematisiert anhand einer Modellsituation den Antisemitismus als verantwortungsloses Massenvorurteil.

Rolf Hochhuth: *Der Stellvertreter*

UA: Berlin, 20. 2. 1963 – ED: Reinbek 1963

›Christliches Trauerspiel‹, das historische Dokumente ›klassizistisch‹ stilisiert (fünf Akte, Jamben); beschäftigt sich provokativ mit der Frage nach der Mitschuld höchster Würdenträger der römisch-katholischen Kirche (Papst Pius XII.) an der Judendeportation während der NS-Zeit.

Heinar Kipphardt: *In der Sache J. Robert Oppenheimer. Ein szenischer Bericht*

UA: Hessischer Rundfunk, 23.1.1964 (Fernsehspiel) – ED: Frankfurt a. M. 1964

Dokumentarisches Theaterstück in neun Szenen (Prosa); diskutiert am Beispiel des Untersuchungsverfahrens gegen den amerikanischen Physiker und ›Vater der Atombombe‹ (1954) die Spannung zwischen moralischer und politischer Verantwortung der Wissenschaft.

Max Frisch: *Mein Name sei Gantenbein*

ED: Frankfurt a. M. 1964

Roman; problematisiert die Identität eines erzählenden Ichs, das sich nur über die wechselnde Identifikation mit fiktiven Rollen und Lebensentwürfen seiner eigenen Wirklichkeit (der Geschichte einer gescheiterten Ehe) anzunähern vermag.

Peter Weiss: *Die Ermittlung. Oratorium in 11 Gesängen*

UA: 19.10.1965 (parallel auf 15 Bühnen in der Bundesrepublik und der DDR) – ED: Frankfurt a. M. 1965

Dokumentarisches Theaterstück in frei rhythmisierter Sprache auf der Grundlage des ersten Frankfurter Auschwitz-Prozesses 1963–65; unmittelbar auf Fakten konzentrierte, sachlich-nüchterne Rekonstruktion der Menschenvernichtung im KZ Auschwitz durch die Aussagen von Zeugen und Angeklagten.

Erich Fried: *und VIETNAM und. Einundvierzig Gedichte. Mit einer Chronik*

ED: Berlin 1966

Politisch engagierte Zeitgedichte; klagen auf dokumentarischer Materialbasis die Rolle der USA im Vietnam-Krieg an.

Peter Handke: *Publikumsbeschimpfung*

UA: Frankfurt a. M., 8. 6. 1966. – ED: Frankfurt a. M. 1966.

Einaktiges ›Sprechstück‹, das die herkömmliche Entgegensetzung von Bühne und Publikum in provozierender Verweigerung unterläuft; macht zugleich mit den technisch-kulturellen Konventionen des Theaters auch die Formelhaftigkeit der Alltagssprache bewusst.

Ernst Jandl: *Laut und Luise*

ED: Olten / Freiburg i. Br. 1966

Experimentelle Sprech-, Laut- und Figurengedichte (›konkrete Poesie‹) sowie Kunstprosa; ironisch pointierte Verzerrung, Zerlegung und Neustrukturierung des Wortmaterials.

Siegfried Lenz: *Deutschstunde*

ED: Hamburg 1968

Roman; zeigt im Rahmen eines Vater-Sohn-Konflikts die moralische Problematik eines politisch begründeten Pflichtbewusstseins während und nach der NS-Zeit.

Erika Runge: *Bottroper Protokolle*

ED: Frankfurt a. M. 1968

Tonbandreportagen aus der Arbeitswelt; dokumentieren Lebensbedingungen von Bewohnern einer Stadt im Ruhrgebiet vor dem Hintergrund wirtschaftlicher Krisen.

Thomas Bernhard: *Das Kalkwerk*

ED: Frankfurt a. M. 1970

Roman; schildert mit Hilfe der gedanklich-stilistischen Figur der Wiederholung das monomanische Besessensein von einer Idee und das Scheitern an ihr, verursacht durch universale Misanthropie und krankhafte Überempfindlichkeit.

Ingeborg Bachmann: *Malina*

ED: Frankfurt a. M. 1971

Teil einer nicht vollendeten Romantrilogie (*Todesarten*); thematisiert die Kapitulation des weiblichen Strebens nach Selbstverwirklichung vor der Übermacht männlicher Repression.

Peter Handke: *Wunschloses Unglück*

ED: Salzburg 1972

Biographische Annäherung an das fremdbestimmte Leben von Handkes Mutter, ausgelöst durch ihren Selbstmord; gleichzeitig Reflexion über die eigene Schreibposition.

Peter Schneider: ***Lenz***

ED: Berlin 1973

Erzählung in Anlehnung sowohl an Georg Büchners *Lenz* als auch an das Schema des klassischen Bildungsromans; beschreibt die Identitätssuche eines Intellektuellen zur Zeit der Studentenbewegung (Berlin 1969).

Rolf Dieter Brinkmann: ***Westwärts 1 & 2***

ED: Reinbek 1975

Gedichtsammlung unter dem Einfluss der Beat-/Pop-Lyrik; formuliert die desillusionierende Erfahrung des Verfalls von Ordnungen und Sinnbezügen in einer technisierten Alltagswelt.

Verena Stefan: ***Häutungen. Autobiographische Aufzeichnungen. Gedichte, Träume, Analysen***

ED: München 1975

Prosatexte und Gedichte, die von der Unterdrückung weiblicher Sexualität und Identitätssuche durch die patriarchalische Gesellschaftsstruktur handeln; kritisieren im Sinne der neuen Frauenbewegung insbesondere die sprachlich vermittelte Geschlechterhierarchie.

Peter Weiss: *Die Ästhetik des Widerstands*

ED: Frankfurt a. M. 1975–81

Roman in drei Bänden; lässt im Handeln und Debattieren einer Gruppe von Antifaschisten zahlreiche Aspekte von Politik und Theorie der europäischen Arbeiterbewegung zwischen 1918 und 1945 deutlich werden und entwickelt eine politisch engagierte, marxistische Ästhetik (Kombination von fiktionalen, dokumentarischen und essayistischen Passagen).

Reiner Kunze: *Die wunderbaren Jahre*

ED: Frankfurt a. M. 1976

Quasi-dokumentarische Prosatexte, die 1975 noch in der DDR entstanden sind; schildern in lakonischer Sprache Alltagserlebnisse der vom Staat normierten und zu Anpassung und Gehorsam gezwungenen DDR-Jugend.

Botho Strauß: *Trilogie des Wiedersehens*

UA: Hamburg, 18. 5. 1977 – ED: München/Wien 1976

Theaterstück in drei Teilen; zeigt in Momentaufnahmen (›Blenden‹-Technik) Entfremdungserscheinungen innerhalb der Gesellschaft: Isolation, Unfähigkeit zur Kommunikation, existentielle Zerrüttung.

Peter Handke: *Die Lehre der Sainte-Victoire*

ED: Frankfurt a. M. 1980

Reise-Erzählung und poetisches Manifest eines neuen Klassizismus (zweiter Teil der Tetralogie *Langsame Heimkehr*); Erzählkunst soll die erlebte Wirklichkeit nach dem Vorbild von Paul Cézannes ›Realisieren‹ in formaler Geschlossenheit harmonisieren.

Ulla Hahn: *Herz über Kopf*

ED: Stuttgart 1981

Gedichtsammlung; antimodernistische Gestaltung des Themas ›Liebe‹, die auf den traditionellen Formenschatz der klassisch-romantischen Gefühlspoesie zurückgreift.

Wolfgang Hildesheimer: *Marbot*

ED: Frankfurt a. M. 1981

Erfundene Biographie eines englischen Kunsthistorikers des 19. Jh.; vermengt parodierend Fiktion und historische Realität.

Elfriede Jelinek: *Die Klavierspielerin*

ED: Reinbek b. Hamburg 1983

Roman; gesellschaftskritische Beschreibung einer kleinbürgerlichen Mutter-Tochter-Beziehung und der darin gründenden Zerstörung weiblicher Sexualität durch systematische Unterwerfung.

Sten Nadolny: *Die Entdeckung der Langsamkeit*

ED: München/Zürich 1983

Zivilisationskritischer Roman, der mit postmodernen Mitteln (kontrafaktische Modifikation historischer Quellen) den Entdecker John Franklin (1786–1847) als humanen Gegentypus zum modernen Leistungsdenken präsentiert.

Patrick Süskind: *Das Parfum. Die Geschichte eines Mörders*

ED: Zürich 1985

Roman, der mit chronologischem Aufbau und auktorialem Erzähler an verschiedene Genres anknüpft (Entwicklungs-/Künstlerroman, Kriminalgeschichte, historischer Roman) und durchgehend mit Zitaten aus anderen literarischen Werken arbeitet (Intertextualität); kombiniert traditionelle Fabulierlust mit postmodernen Erzählstrategien.

Thomas Bernhard: *Heldenplatz*

UA: Wien, 4. 11. 1988 – ED: Frankfurt a. M. 1988

Theaterstück in Prosa, in dem Österreich – 50 Jahre nach dem ›Anschluss‹ und dem damaligen Jubel am Heldenplatz – von den Hauptfiguren apodiktisch als unbelehrbar nationalsozialistisch und borniert vorgeführt wird (Theaterskandal schon vor der Uraufführung).

Christoph Ransmayr: *Die letzte Welt. Roman. Mit einem Ovidischen Repertoire*

ED: Nördlingen 1988

›Postmoderner‹ Roman, der die mythologischen Verwandlungssagen (*Metamorphosen*) des römischen Dichters Ovid (43 v. Chr. bis 17/18 n. Chr.) in einem düster-zeitlosen Raum zwischen Antike und Gegenwart wiederbelebt und die These vom ›Tod‹ bzw. ›Verschwinden‹ des ›Autors‹ (Barthes/Foucault) erzählerisch realisiert.

Literatur der DDR

Bertolt Brecht: *Der kaukasische Kreidekreis*

UA: Northfield (Minn.), 4. 5. 1948 – ED: Berlin 1949 (in: *Sinn und Form*)

Episches Theaterstück, das den Fabelstoff eines chinesischen Singspiels (13. Jh.) auf die Sowjetunion überträgt; formuliert in den beiden vorgetragenen Geschichten eines Sängers (der Rahmenhandlung) eine Lehre von Eigentum und Justiz.

Peter Huchel: *Gedichte*

ED: Berlin 1948

Lyriksammlung; kritisiert anhand exemplarischer Figuren wie Magd oder Knecht die Lebensbedingungen des Arbeiters (Entfremdung); Anklänge an Naturlyrik und Kindheitsidyll.

Kuba *(d. i. Kurt Barthel)*: ***Gedicht vom Menschen***

ED: Berlin 1948

Rhapsodischer Gedichtzyklus in freien Rhythmen (beeinflusst u. a. von Whitman und Majakowski); reflektiert in agitatorischer Absicht die Menschheitsgeschichte als steten Kampf um Freiheit.

Anna Seghers: ***Die Toten bleiben jung***

ED: Berlin / Frankfurt a. M. 1949; Berlin/Weimar 1949

Roman, der einen chronikartigen Querschnitt durch die deutsche Gesellschaft 1918–45 versucht; beschäftigt sich mit der Entstehung des Faschismus, dem proletarischen Widerstand und der sozialistischen Idee.

Eduard Claudius: ***Menschen an unserer Seite***

ED: Berlin 1951

Industrie-Roman über einen vorbildhaften ›Helden der Arbeit‹; gestaltet an dokumentarischem Material die menschlichen und ökonomischen Konflikte beim Aufbau des Sozialismus.

Bertolt Brecht: ***Buckower Elegien***

ED: Berlin 1954 (Teildruck); Frankfurt a. M. 1964

Lyriksammlung in Reaktion auf den Arbeiteraufstand des 17. Juni 1953; reflektiert die Widersprüche der neuen, sozialistischen Gesellschaft, in der noch die alten Kräfte wirksam sind.

Heiner Müller: *Der Lohndrücker*

UA: Leipzig, 23. 3. 1958 – ED: Berlin 1957 (in: *Neue Deutsche Literatur*)

Drama in der Tradition Brechts; zeigt in stilisierter Sprache den Konflikt der sozialistischen Ethik mit den Überresten des bürgerlich-kapitalistischen Bewusstseins.

Bruno Apitz: *Nackt unter Wölfen*

ED: Halle a. d. S. 1958

Roman über das KZ Buchenwald; ein dort verstecktes Kind löst unter kommunistischer Führung einen Aufstand aus, der nach der Flucht der SS-Schergen mit der Befreiung endet.

Uwe Johnson: *Mutmassungen über Jakob*

ED: Frankfurt a. M. 1959

Roman um den rätselhaften Tod eines jungen Eisenbahnbeamten; zeichnet ein Bild der DDR-Wirklichkeit vor dem Hintergrund der historischen Ereignisse des Jahres 1956 und diskutiert anhand unterschiedlicher Freiheitskonzeptionen mögliche Stellungnahmen zum Sozialismus.

Brigitte Reimann: *Ankunft im Alltag*

ED: Berlin 1961

Erzählung um eine ›Ankunft‹ im Sozialismus; vor dem Hintergrund einer Liebesgeschichte werden die einjährige Arbeit dreier Abiturienten in der Produktion und die daraus folgende Entscheidung für den Sozialismus dargestellt.

Christa Wolf: *Der geteilte Himmel*

ED: Halle a. d. S. 1963

Roman nach Maßgabe des ›Bitterfelder Weges‹ (Verpflichtung der Schrifsteller auf Erfahrungen in Industriebetrieben); schildert das Scheitern einer Liebesbeziehung als Allegorie der deutschen Teilung und propagiert die Entscheidung für den sozialistischen Staat.

Erwin Strittmatter: *Ole Bienkopp*

ED: Berlin 1963

Roman über die sozialistische ›Landreform‹; zeigt in ironisch-symbolischer Sprache einen individualistischen, widersprüchlichen Helden, der an den äußeren Widerständen zugrundegeht.

Hermann Kant: *Die Aula*

ED: Berlin 1964 (in: *Forum*)

Roman; gibt ein Zeitbild der DDR in den Jahren 1949 bis 1952 und 1962 und beschreibt mit vorsichtig ›modernen‹ Erzählformen auf witzige Weise besonders die Heranbildung sozialistischer Intelligenz.

Erik Neutsch: *Die Spur der Steine*

ED: Halle a. d. S. 1964

Industrie-Roman, der die gesellschaftlich-ökonomischen Bedingungen des NÖSPL (Neues Ökonomisches System der Planung und Leitung) gestaltet; zeigt an einem Baubrigade-Führer und einem Parteifunktionär die individuellen Schwierigkeiten auf dem Weg zum Sozialismus.

Wolf Biermann: *Die Drahtharfe*

ED: Berlin (West) 1965

Sammlung von gesellschaftskritischen und politisch provokativen Balladen und Kabarettliedern; kritisiert aus marxistischer Sicht die Unfreiheit im DDR-Alltag.

Fritz Rudolf Fries: *Der Weg nach Oobliadooh*

ED: Frankfurt a. M. 1966

Roman in der Tradition des Schelmenromans; schildert die Auflehnung junger Intellektueller gegen die Lebenswirklichkeit in der DDR (Möglichkeiten der Realitätsflucht und Verweigerung).

Christa Wolf: *Nachdenken über Christa T.*

ED: Halle a. d. S. 1968

Roman, der den Tod einer Freundin zum Anlass nimmt, ihrem Leben in Rückblenden, Reflexionen und Träumen nachzudenken; dargestellt wird die Suche nach dem Ich in einer streng durchorganisierten sozialistischen Gesellschaft.

Jurek Becker: *Jakob der Lügner*

ED: Berlin/Weimar 1969

Roman über ein polnisches Ghetto; indem er Radiomeldungen über den sehnsüchtig erwarteten Vormarsch der Roten Armee erfindet, macht Jakob den Eingeschlossenen Hoffnung, deren unmenschliche Not im nicht-pathetischen Erzählstil besonders deutlich wird.

Ulrich Plenzdorf: *Die neuen Leiden des jungen W.*

Entst.: 1969 (›Urfassung‹) – UA: Halle a. d. S., 18. 5. 1972 – ED: 1972 (Prosafassung in *Sinn und Form* und Bühnenmanuskript); Rostock 1973; Frankfurt a. M. 1973

Roman und Theaterstück vor der Folie von Goethes *Werther*; führt die schwierige Selbstfindung eines unangepassten Jugendlichen in der DDR vor und verbindet in ironischer Jargonsprache Elemente der westlichen Jugendkultur (u. a. Popmusik) mit dem Handlungsmuster des sozialistischen Entwicklungsromans.

Sarah Kirsch: *Zaubersprüche*

ED: Berlin/Weimar 1973

Lyrik in freien Rhythmen; die unpolitischen Themen der ›Selbstgespräche‹ (Sehnsucht nach Liebe, Alltagsbilder) sind in anspielungsreiche Metaphorik gekleidet, die sich der schnellen Dechiffrierung verweigert.

Heiner Müller: *Die Hamletmaschine*

UA: Paris, 30.1.1979 – ED: München 1977 (in: *Programmheft ›Ödipus‹* der Münchner Kammerspiele)

›Postdramatisches‹ Theater, das Motive aus Shakespeares *Hamlet* mit Ereignissen der Zeitgeschichte (u. a. Ungarn-Aufstand 1956, Ermordung Sharon Tates 1969) und der Vita des Autors amalgamiert; reflektiert die Rolle des Intellektuellen im Realsozialismus.

Maxie Wander: *Guten Morgen, Du Schöne. Protokolle nach Tonband*

ED: Berlin 1977

Literarisch gestaltete Protokolle von Gesprächen mit Frauen unterschiedlicher gesellschaftlicher Schichten, in denen über Alltagserfahrungen und -probleme (Beruf, Liebe, Sexualität u. a.) und über den Wunsch nach weiblicher Selbstverwirklichung berichtet wird.

Lutz Rathenow: *Mit dem Schlimmsten wurde schon gerechnet*

ED: Frankfurt a. M. / Berlin 1980

Sammlung von Kurzprosa, die den Konflikt von Individuum und (DDR-)Gesellschaft unverhüllt zur Sprache bringt; das Ausgeliefertsein des einzelnen an einen totalitären Staat wird in (zum Schreckensbild ausartenden) Alltagsszenen vorgeführt.

Monika Maron: *Flugasche*

ED: Frankfurt a. M. 1981

(Umwelt-)Roman; schildert die Schwierigkeiten einer alleinerziehenden Mutter und Journalistin, die eine ›wahre‹ (und den staatlichen ideologischen Vorstellungen nicht entsprechende) Reportage über ein Kohlekraftwerk in einer großen Stadt in Ostdeutschland schreibt.

Sascha Anderson: *Jeder Satellit hat einen Killersatelliten*

ED: Berlin (West) 1982

Sammlung ideologiekritischer Untergrund-Lyrik in der Tradition der westeuropäischen Avantgarde; Beispiel für die subversive Literatur des ›Prenzlauer Bergs‹, die auf explizite Opposition zum DDR-Regime verzichtet und sich mit dekonstruktivistischen Techniken um eine Sprache bemüht, die vom ›Staat‹ nicht mehr verstanden wird.

Christa Wolf: *Kassandra*

ED: Darmstadt/Neuwied 1983

Erzählung in der Darstellungsweise der ›subjektiven Authentizität‹ (Rückblende, ›innerer Monolog‹); interpretiert den Mythos der trojanischen Königstochter Kassandra als Sinnbild für die Ohnmacht der Wissenden gegenüber den Herrschenden und für die Unterdrückung der Frau.

Volker Braun: *Hinze-Kunze-Roman*

ED: Halle a. d. S. / Leipzig 1985; Frankfurt a. M. 1985

Satirischer Roman um das Herr-Knecht-Motiv; schildert in bewusster Absetzung von den Regeln des ›sozialistischen Realismus‹ den Alltag in der DDR und die Widersinnigkeiten der Führungsschicht.

Literatur ab 1990

Durs Grünbein: *Schädelbasislektion*

ED: Frankfurt a. M. 1991

Reflexionslyrik im Bewusstsein der europäischen Moderne; problematisiert durchgehend die Kluft zwischen Intellektualität und Körperlichkeit.

Botho Strauß: *Anschwellender Bocksgesang*

ED: 8. 2. 1993 (in: *Der Spiegel*)

Politisch-poetologischer Essay zum Problem der Fremdenfeindlichkeit; auf der Grundlage einer von Martin Heidegger und René Girard inspirierten Geschichtsphilosophie wird in poetisch stilisierter Sprache die Verdrängung des Nationalen als Fehlentwicklung der deutschen Kultur beklagt, um dem deutschen Selbsthass ein Denken ›in der Richte‹ entgegenzusetzen.

Thomas Brussig: *Helden wie wir*

ED: Berlin 1995

Fiktive Autobiographie eines 1968 geborenen DDR-Bürgers in der Tradition des Pikaro-Romans; komische Darstellung des realsozialistischen Alltags, an deren Ende der Fall der Berliner Mauer am 9. November 1989 als grotesker Mythos erzählt wird.

Christian Kracht: *Faserland*

ED: Köln 1995

Popkultureller Reise-Roman, in dem ein junger Mann von Sylt über eine Reihe deutscher Städte zum Zürcher See gelangt; in Anlehnung an die Romane von Bret Easton Ellis wird die emotionale Verwahrlosung in der Pop-Szene geschildert.

Feridun Zaimoglu: *Kanak Sprak. 24 Mißtöne vom Rande der Gesellschaft*

ED: Hamburg 1995

24 Monologe, die auf halbdokumentarischen Interviews in stilisierter Migranten-Sprache beruhen und das Selbstverständnis insbesondere türkisch-islamischer Menschen aufzeigen, die in Deutschland marginalisiert sind.

Peter Handke: *Eine winterliche Reise zu den Flüssen Donau, Save, Morawa und Drina oder Gerechtigkeit für Serbien*

ED: München 13./14.1.1996 (gekürzt in: *Süddeutsche Zeitung*); Frankfurt a. M. 1996

Reise-Erzählung aus Anlass des NATO-Einsatzes 1995 im Zusammenhang der Jugoslawien-Kriege; der als allzu einseitig-eindeutig eingeschätzten Berichterstattung durch westliche Massenmedien wird »als Anstoß zum gemeinsamen Erinnern, als der einzigen Versöhnungsmöglichkeit«, der poetische Blick auf ein Serbien abseits des Krieges entgegengehalten.

Rainald Goetz: *Rave*

ED: Frankfurt a. M. 1998

Erzählung vom ›Leben der Nacht‹ (Teil 1 von *Heute morgen*) als Versuch, das spezifische Lebensgefühl der 1990er Jahre zu rekonstruieren; reagiert auf die Einsicht, dass Literatur im Unterschied zur Musik nicht als ›Präsenz‹ erfahrbar ist.

Ingo Schulze: *Simple Storys. Ein Roman aus der ostdeutschen Provinz*

ED: Berlin 1998

Roman aus 29 untereinander vernetzten Alltagsgeschichten; schildert die Jahre nach der Wiedervereinigung anhand von Einzelschicksalen in einer thüringischen Kleinstadt.

Christian Kracht (Hrsg.): *Mesopotamia. Ernste Geschichten am Ende des Jahrtausends*

ED: Stuttgart 1999

17 ›Erzählungen‹ unterschiedlich prominenter Autoren der sog. Pop-Literatur, geordnet in ›Werden‹, ›Sein‹ und ›Vergehen‹; experimentieren unter dem Motto ›Irony is over. Bye Bye‹ (einem Song der Britpop-Band *Pulp* entnommen) mit Möglichkeiten eines nicht mehr postmodernen Schreibens.

Wladimir Kaminer: *Russendisko*

ED: München 2000

Sammlung von Kurzgeschichten, die Erfahrungen des 1990 aus Russland zugewanderten Autors im wiedervereinigten Berlin (speziell der dortigen Musikszene) schildern.

W. G. Sebald: *Austerlitz*

ED: München 2001

Roman, der unter Verwendung zahlreicher Fotografien die Vita eines in Prag geborenen Juden rekonstruiert; ein in England lebender Ich-Erzähler berichtet von jahrzehntelangen Gesprächen mit dem Architekturhistoriker, der mit einem Kindertransport nach England gekommen ist.

Yoko Tawada: *Überseezungen*

ED: Tübingen 2002

Sammlung erzählerisch-essayistischer Texte; im Vordergrund steht die Auseinandersetzung mit den sprachlich-kulturellen Differenzen zwischen Japan und Deutschland.

Maxim Biller: *Esra*

ED: Köln 2003

Roman, der die Liaison des Autors mit einer prominenten Partnerin dem Anschein nach weitgehend authentisch rekapituliert; darf als Verletzung des Persönlichkeitsrechts zwar gelesen, aber weder vertrieben noch beworben werden.

Daniel Kehlmann: *Die Vermessung der Welt*

ED: Reinbek b. Hamburg 2005

Roman; die fiktive Doppelbiographie des weltfremden Mathematikers Carl Friedrich Gauß (1777–1855) und des weltreisenden Naturforschers Alexander von Humboldt (1769–1859) spiegelt in ironisch-humoristischer Brechung die Größe und Komik des deutschen Forschergeists und dessen Auswirkungen auf die Gesellschaft.

Elfriede Jelinek: *Ulrike Maria Stuart*

UA: Hamburg, 28.10.2006 – ED: Reinbek b. Hamburg 2015

Dreiteiliges ›Königinnendrama‹, das den Konflikt zwischen Schillers Figuren Maria Stuart und Elisabeth I. demjenigen zwischen den RAF-Terroristinnen Ulrike Meinhof und Gudrun Ensslin gegenüberstellt; ideologisches Machtstreben mittels Gewalt erweist sich in der Rückschau letztlich als erfolglos.

Roland Schimmelpfennig: *Der Goldene Drache*

UA: Wien, 5. 9. 2009 – ED: Frankfurt a. M. 2011

Theaterstück um einen jungen Chinesen, der illegal in einem westlichen Asia-Imbiss arbeitet und verblutet, als ihm Kollegen einen kranken Zahn ziehen; die realistisch-sozialkritische Ausgangssituation wird surreal-fantastisch überhöht, wobei die wenigen Figuren jeweils 3–4 Rollen spielen (mehr erzählt als agiert).

Wolfgang Herrndorf: *tschick*

ED: Berlin 2010

Jugendroman und Road-Novel; der 14-jährige Maik erzählt in jugendsprachlichem Slang von einer Sommerreise durch Ostdeutschland, die er gemeinsam mit Tschick, dem Sohn einer russischen Aussiedlerfamilie, in einem gestohlenen Lada von Berlin aus unternommen hat.

Felicitas Hoppe: *Hoppe*

ED: Frankfurt a. M. 2012

›Auto(r)fiktionaler Roman‹; erzählt in komischer Übersteigerung eine erfundene Lebensgeschichte der Autorin.

Christian Kracht: *Imperium*

ED: Köln 2012

Roman, der die Vita des ›Kokos-Apostels‹ August Engelhardt (1875–1919) einerseits kontrafaktisch übersteigert (überlebt den Zweiten Weltkrieg und ist prominenten Autoren wie Th. Mann oder Hesse begegnet) und andererseits als Hollywood-Verfilmung relativiert; im historisch unzuverlässigen Erzählen eine Auseinandersetzung sowohl mit der lebensreformerischen Vorgeschichte des Nationalsozialismus als auch mit der US-Kultur als dem neuen ›Imperium‹.

Jan Wagner: *Regentonnenvariationen*

ED: Berlin 2014

Sammlung von Gedichten, die überwiegend Pflanzen und Tieren gewidmet sind; spielt mit den traditionellen Strophenformen, ersetzt die erforderlichen Reime jedoch zumeist durch Assonanzen oder noch vagere Klangähnlichkeiten.

Juli Zeh: *Unterleuten*

ED: München 2016

Gesellschaftskritischer Roman über das Leben in einem brandenburgischen Dorf, dessen Bewohner sich über einen geplanten Windpark entzweien; schildert die Auseinandersetzungen jeweils aus der Perspektive einer der Hauptfiguren (das Buch wird ergänzt durch mehrere Internet-Seiten, die die Fiktionalität des Textes unterlaufen).

Saša Stanišić: *Herkunft*

ED: München 2019

Autobiographischer Roman vor dem Hintergrund einer kriegsbedingten Migration von Bosnien nach Deutschland; stellt die Erzählbarkeit der eigenen Lebensgeschichte ironisch-selbstreflexiv ins Zentrum.

Fremdsprachige Literaturen

Asien/Orient

Gilgamesch-Epos

Entst.: um 1200 v. Chr. – ED: Leipzig 1884–90 – EÜ: 1891

Ältestes Großepos der Weltliteratur (›Zwölftafel-Epos‹); erzählt von den Heldentaten und Leiden des Königs Gilgamesch von Uruk (3. Jahrtausend v. Chr.) sowie von seiner Suche nach dem ewigen Leben.

Rigveda

Entst.: um 1200 v. Chr. – ED: London 1849–74 – EÜ: 1856–69

›Das in Versen niedergelegte heilige Wissen‹; älteste Sammlung der vier *Veden* mit 1028 religiös-mystischen Hymnen in zehn Büchern, die zum Vortrag beim Opferzeremoniell für die Götter bestimmt sind.

Altes und Neues Testament

ED: Mainz 1455 (Vulgata); Alcalá de Henares 1514–17 – EÜ: 1466 (Mentelin-Bibel)

Kanon der christlichen Kirchen, der die 46 (röm.-kath. Kirche) bzw. 39 (ev. Kirchen) zumeist hebräischen Schriften des Alten Testaments (5.–2. Jh. v. Chr.) und die 27 zumeist griechischen Bücher des Neuen Testaments (v. a. im 1. Jh. entstanden) umfasst; gilt als Beweis des göttlichen Heilsschaffens in der Welt und beschreibt die Geschichte der Stämme Israels sowie das Leben und Wirken Jesu von Nazareth (wesentlichen Einfluss auf die deutsche Sprache hatten die Übersetzungen Martin Luthers 1522–34).

Bhagavad Gita

Entst.: 5.–2. Jh. v. Chr. – ED: Kalkutta 1808 – EÜ: 1834

Hinduistisches Lehrgedicht (›Das Lied des Erhabenen‹); Krishna zeigt als Inkarnation des Gottes Vishnu verschiedene Wege zur Erlösung auf.

Tao-te ching

Entst.: um 400 v. Chr. – ED: 1016 – EÜ: 1911

Gereimte Sinnsprüche und philosophische Aphorismen in chinesischer Sprache eines unbekannten Verfassers (in der chinesischen Tradition Lao Tse zugeschrieben); Lehre vom Absoluten (›Tao‹), das nur in seinen Wirkungen zu ahnen ist, und Forderung nach Selbstgenügsamkeit.

Panchatantra

Entst.: um 300 – ED: lat. um 1480; dt. um 1481/82 (Antonius von Pforr) – EÜ: um 1480 (*Das Buch der Beispiele der alten Weisen*)

Altindische Sammlung moralischer Fabeln und Tiergeschichten in fünf Büchern (›fünf Gewebe‹), um 300 n. Chr. auf Grundlage älterer mündlicher Überlieferung zusammengestellt; vermittelt politische Weisheit und Lebensklugheit (seit dem Mittelalter über eine arabische Version auch in Europa verbreitet).

Talmud

Entst.: um 425 (›Palästinensischer‹ oder ›Jerusalemer‹ Talmud); 3.–6. Jh. (›Babylonischer Talmud‹) – ED: Venedig 1520–23 (Babylonischer Talmud); Venedig 1523/24 (Palästinensischer Talmud) – EÜ: 1760–63 (›Mischna‹); 1929–36 (Babylonischer Talmud); 1975ff. (Palästinensischer Talmud)

Grundlegendes Buch des Judentums (›Belehrung‹/›Lernen‹) aus zwei Teilen (›Mischna‹ und ›Gemara‹); vereinigt Religionsgesetze sowie deren Diskussion und Auslegung durch Hunderte von Autoren.

Tausendundeine Nacht

ED: Kalkutta 1814–18 (unvollständig) – EÜ: 1730–43

Berühmteste Erzählungssammlung der Weltliteratur (in arabischer Sprache), seit dem 8. Jh. aus dem Erzählgut des Vorderen Orients in verschiedenen Fassungen zusammengestellt; für die moderne Rezeption entscheidend war die stark bearbeitete Ausgabe von Antoine Galland (*Les Mille et une Nuits*, 12 Bde., Paris 1704–17).

Koran

ED: Leipzig 1834 – EÜ: 1772

›Lesung‹; heiliges Buch des Islam (7. Jh.), das – in Reimprosa verfasst – die Offenbarungen Mohammeds aus den Jahren 608–632 enthält; die 114 Suren (Kapitel) der rituellen Gebetstexte umfassen eschatologische Themen, Gottes Macht und Wirken, biblische Geschichten und soziale wie kultische Vorschriften.

Hafis: *Diwan*

Entst.: 2. Hälfte 14. Jh. – ED: Kalkutta 1791 – EÜ: 1812/13

Postum zusammengestellte Gedichte in iranisch-persischer Sprache, vorwiegend Ghaselen; zentrale Themen sind Liebe (im weitesten Sinn), Wein und geistvolle Daseinsfreude (von zentraler Bedeutung für Goethes Gedichtsammlung *West-östlicher Divan*, 1819).

Klassische Antike

Homer: *Ilias*

Entst.: 2. Hälfte 8. Jh. v. Chr. – ED: Florenz 1488 – EÜ: 1495

Hexameter-Epos in 24 Gesängen, das älteste Zeugnis abendländischer Dichtung von dauerhafter Vorbildwirkung; Elemente der vorhomerischen epischen Rhapsodentradition, die sich auf historische Kämpfe der Griechen gegen das kleinasiatische Troja beziehen, sind zu einer Hochstil-Dichtung gestaltet (maßgebende deutsche Übersetzung durch Johann Heinrich Voß 1793).

Homer: *Odyssee*

Entst.: spätestens um 700 v. Chr. – ED: Florenz 1488 – EÜ: 1537

Hexameter-Epos in 24 Gesängen, das mehrere vorhomerische Stoffkreise kunstvoll komponiert; Irrfahrten und Heimkehr des Helden, dazu die Gerechtigkeit der Götter, werden in einer für die abendländische Literatur mustergültigen Form dargestellt (maßgebende deutsche Übersetzung durch Johann Heinrich Voß 1781).

Sappho: Lyrik

Entst.: 1. Hälfte 6. Jh. v. Chr. – ED: Paris 1554 – EÜ: 1656

Gedichte in strengen Formen (›äolische Lyrik‹), nur Fragmente der neun Bücher erhalten; kunstvolle Geselligkeitslyrik, Natur- und Gefühlsschilderung, Hymnen und Hochzeitsgedichte, geprägt von der kultischen Mädchenerziehung im Dienst der Musen (erste deutsche Übersetzung einer Ode durch Philipp von Zesen).

Pindar: *Oden*

Entst.: um 500–445 v. Chr. – ED: Venedig 1513 – EÜ: 1759

Preisgesänge auf die Sieger der bedeutendsten sportlichen und musischen Wettkämpfe Griechenlands; prunkvoll pathetische Chorlieder mit vielfältiger Metrik, mythischen und ethisch akzentuierten Elementen.

Aischylos: *Orestie*

UA: 458 v. Chr. – ED: Venedig 1518 – EÜ: 1785

Tragödientrilogie in Versen; thematisiert mit Hilfe paralleler Handlungsstrukturen und reflektierender Chorlieder Familienfluch, schuldhafte Verstrickung, Blutrache und Entsühnung.

Herodot: *Historien*

Entst.: um 450–425 v. Chr. – ED: Venedig 1502 – EÜ 1535

Geschichtswerk in neun Büchern (Prosa); begründet mit der zugleich um Objektivität und unterhaltsame Auflockerung bemühten Darstellung der Perserkriege und ihrer (mythischen) Vorgeschichte die abendländische Historiographie.

Sophokles: *König Ödipus*

UA: um 430 v. Chr. – ED: Venedig 1502 – EÜ: 1759

Tragödie in Versen; zeigt als ›analytisches‹ Drama im schrittweisen Aufdecken unwissentlich begangener Verbrechen (Vatermord, Inzest) die menschliche Verblendung (›tragische Ironie‹).

Aristophanes: *Die Wolken*

UA: 423 v. Chr. – ED: Venedig 1498 – EÜ: 1613

Komödie in Versen; spöttische Satire auf Sokrates als Vertreter der jugendgefährdenden und unmoralischen Rhetorik der Sophisten, wobei der Chor als Sprachrohr des Autors fungiert.

Euripides: *Die Bakchen*

UA: um 405 v. Chr. – ED: Venedig 1503 – EÜ: 1800–03

Tragödie in Versen, die ein Grundthema der attischen Tragödie vorführt: Menschlich verblendeter Widerstand gegen göttliche Allmacht (hier: Pentheus gegen Dionysos) führt in den Untergang.

Platon: *Politeia*

Entst.: vor 347 v. Chr. – ED: Florenz, um 1482–84 – EÜ: 1572

Staatsphilosophische Abhandlung in Dialogform, die von der Frage nach dem Wesen der Gerechtigkeit ausgeht und sowohl einen idealen Staat als auch eine umfassende Erkenntnistheorie entwirft.

Aristoteles: *Poetik*

Entst.: 2. Hälfte 4. Jh. v. Chr. – ED: Venedig 1481 – EÜ: 1753

Wirkungsmächtigste Dichtungstheorie der klassischen Antike; behandelt vor allem die Tragödie und liefert Definitionen von entscheidender Bedeutung für die europäische literarische Theorie und Praxis (›Mimesis‹/›Nachahmung‹; ›Katharsis‹ / ›Reinigung‹ der Affekte).

Theokrit: *Idyllen*

Entst.: um 280–260 v. Chr. – ED: Mailand 1493 – EÜ: 1757

Sammlung von Kleindichtungen in verschiedenen Versmaßen; begründet die idyllische Schäferpoesie (Bukolik).

Titus Maccius Plautus: *Miles gloriosus / Der glorreiche Hauptmann*

UA: um 205 v. Chr. – ED: Venedig 1472 – EÜ: 1797

Vers-Komödie, die karikierte Typen (angeberische Soldaten, Hetären, Liebhaber) mit satirischem Spott vorführt; die schichtspezifisch differenzierte Sprache ist stets obszön grundiert.

Publius Terentius Afer: ***Andria***

UA: 166 v. Chr. – ED: Straßburg, um 1470 – EÜ: 1499

Intrigen-Komödie in Versen, die auf zwei Stücken des hellenistischen Komödiendichters Menander basiert und sich an dessen sorgfältiger Komposition, sprachlicher Eleganz und ruhigem Ton orientiert.

Gaius Valerius Catullus: ***Carmina***

Entst.: um 60–54 v. Chr. – ED: Venedig 1472 – EÜ: 1690

Dreiteiliger Gedichtzyklus in unterschiedlichen Versmaßen; Gelegenheitsgedichte, mythologische Dichtungen, Elegien, Epigramme u. a. (dem hellenistischen Vorbild Kallimachos verpflichtet).

Marcus Tullius Cicero: ***De re publica***

Entst.: 54–51 v. Chr. – ED: Paris, nicht vor 1485 – EÜ: um 1538

Staatstheoretisches Werk in sechs Büchern (nur etwa ein Viertel erhalten); diskutiert in Gesprächsform – nach dem Vorbild von Platons *Politeia* (um 380–370 v. Chr.) – die beste Staatsverfassung und vermittelt die griechische staatsphilosophische Tradition in eigenständiger Gestaltung nach Rom.

Titus Lucretius Carus: ***De rerum natura***

Entst.: um 50 v. Chr. – ED: Brescia, um 1473 – EÜ: 1784/85

Unvollendetes Lehrgedicht in Hexametern (›Von der Natur der Dinge‹), das – der Lehre Epikurs gemäß – ein glückliches Leben

(Freiheit von Schmerz und Unglück) propagiert; erklärt die Phänomene der Natur rational und nimmt den Menschen so die religiösen Ängste (Götter, Tod).

Publius Vergilius Maro: *Aeneis*

Entst.: 31–19 v. Chr. – ED: Rom, um 1469 – EÜ: 1515

Hexameter-Epos in zwölf Büchern, das in bewusster Imitation Homers den Ursprung Roms von der Eroberung Trojas herleitet; Geschichte und Idee des Römertums werden mit besonderem Blick auf Augustus einer theologisch-teleologischen Deutung unterzogen.

Sextus Aurelius Propertius: *Elegiae*

Entst.: um 29–15 v. Chr. – ED: Venedig 1472 – EÜ: 1786

Aus vier Büchern bestehende Sammlung von Liebesgedichten in elegischen Distichen; betont in der Tradition der ›erotischen Elegie‹ den absoluten Wert des eigenen Gefühls.

Quintus Horatius Flaccus: *De arte poetica*

Entst.: um 14 v. Chr. – ED: Mailand/Venedig, um 1470–73 – EÜ: 1639

Literaturtheoretischer Lehrbrief in Hexametern, der epochenübergreifend als klassizistischer Leittext gelesen worden ist; behandelt Erfordernisse der Dichtkunst wie Einheitlichkeit des Werks, technische Sorgfalt des Poeten und die gleichzeitige Berücksichtigung von Verstand und Gefühl.

Publius Ovidius Naso: *Metamorphoses*

Entst.: um 1 v. Chr. – 10 n. Chr. – ED: Bologna 1471 – EÜ: 1545

Hexameter-Epos in 15 Büchern; das Leitmotiv der Verwandlung verbindet etwa 250 mythologische Verwandlungssagen zu einer Universaldichtung der Menschheitsgeschichte, die vom mythischen Chaos bis zur historischen Friedensordnung des Augustus reicht.

Phaedrus: *Fabulae Aesopiae*

Entst.: um 30–50 n. Chr. – ED: Troyes 1596 – EÜ: 1696

Fabelsammlung in fünf Büchern (jambische Senare); diese früheste erhaltene literarische Bearbeitung der Gattung ist gekennzeichnet durch volkstümliche Schlichtheit in Stoff (äsopische Tradition) und Sprache sowie durch moralisierende Zusätze (›Promythien‹, ›Epimythien‹).

Pseudo-Longinos: *Über das Erhabene*

Entst.: 1. Hälfte 1. Jh. n. Chr. – ED: Basel 1544 – EÜ: 1737

Abhandlung eines unbekannten Verfassers über das Erhabene als das Vermögen, durch angeborene Anlagen (hohe Gedanken, Pathos, Enthusiasmus) und erlernbare Techniken (Rhetorik) den Hörer/Leser unmittelbar zu überwältigen, zu erstaunen und zu erschüttern (wirkmächtig seit Nicolas Boileaus französischer Übersetzung 1674).

Lucius Annaeus Seneca: *Medea*

Entst.: Mitte 1. Jh. n. Chr. – UA: (?) – ED: Ferrara, um 1484 – EÜ: 1777

Tragödie in unterschiedlichen Versarten (mit Chorliedern); veranschaulicht unter starker Abweichung von Euripides' *Medeia* (431 v. Chr.) die stoische Lehre von der schuldhaft-verderblichen Wirkung maßloser Affekte (z. B. Eifersucht, Hass).

Lucius Annaeus Seneca: *De vita beata*

Entst.: 58/59 n. Chr. – ED: Neapel 1475 – EÜ: 1536

Philosophischer Traktat (›Vom glückseligen Leben‹); erläutert den stoischen Grundsatz eines naturgemäßen Lebens als Basis der Glückseligkeit und definiert als höchstes Gut die sittliche Vollkommenheit (gegen Epikur).

Plutarch: *Parallelbiographien*

Entst.: um 105–115 n. Chr. – ED: Florenz 1517 – EÜ: 1534

Sammlung von Charakterporträts griechischer und römischer Feldherren und Staatsmänner, je paarweise zum Erweis der ethisch-seelischen Ebenbürtigkeit beider Nationen gruppiert.

Publius Cornelius Tacitus: *Annales*

Entst.: nach 112 n. Chr. – ED: Venedig 1470 (unvollständig) – EÜ: 1535

Geschichtswerk in 18 Büchern, nur lückenhaft überliefert; behandelt unter ausdrücklichem Objektivitätsanspruch die Geschichte der iulisch-claudischen Dynastie (›vom Tode des göttlichen Augustus an‹) mit skeptisch-pessimistischer Einstellung.

Lucius Apuleius: *Metamorphoses* (*Asinus aureus*)

Entst.: um 170 n. Chr. – ED: Rom 1469 – EÜ: 1538

Komischer Roman in elf Büchern (›Verwandlungen‹ bzw. ›Der goldene Esel‹), der den damaligen Abenteuerroman parodiert und volkstümliche Erzählungen (darunter *Amor und Psyche*) in sprachlichem Mischstil reiht.

Longos: *Daphnis und Chloe*

Entst.: 2./3. Jh. n. Chr. – ED: Paris 1559 (frz. Übers.: J. Amyot; griech.: Florenz 1598) – EÜ: 1765

Erster und einzig erhaltener bukolischer Hirten- und Liebesroman; verbindet Idyllik (in der Nachfolge Theokrits) mit frivoler Direktheit und formaler Meisterschaft (Parallelstrukturen).

Heliodor: *Äthiopische Geschichten*

Entst.: 2. Hälfte 3. Jh. n. Chr. (?) – ED: Heidelberg 1596 – EÜ: 1559

Liebes- und Abenteuer-Roman in zehn Büchern, der im 6. Jh. v. Chr. in Griechenland und Afrika spielt; schildert in komplexer Erzählstruktur (*in medias res*, novellistische Einschübe) die Abenteuer der äthiopischen Königstochter Chariklea und des griechischen Edelmanns Theagenes (Strukturmuster der Hochstil-Romane v. a. des 17. Jh.).

Aurelius Augustinus: *Confessiones*

Entst.: um 400 n. Chr. – ED: Straßburg, nicht nach 1470 – EÜ: 1672

Literarisch stilisierte Autobiographie (›Bekenntnisse‹) in 13 Büchern; die schonungslose Selbstanalyse im Dialog mit Gott enthält bedeutende psychologische, religiöse und philosophische Reflexionen.

Anicius Manlius Torquatus Boethius: *De consolatione philosophiae*

Entst.: um 524 n. Chr. – ED: Nürnberg 1473 – EÜ: nach 950

Im Kerker zu Pavia entstandene Trostschrift in Prosa und Vers, die im Gespräch zwischen dem Gefangenen und der Philosophie (als Trösterin) die Vernunftfreiheit des Menschen diskutiert, der sich auf Gott auszurichten und in Gleichmut zu üben habe; schon von Notker III. von St. Gallen ins Althochdeutsche übersetzt und bis ins 18. Jh. außerordentlich verbreitet.

Mittellatein

Einhard: *Vita Caroli Magni*

Entst.: um 830 – ED: Köln 1521 – EÜ: 1728

Erste nicht-geistliche Biographie des Mittelalters; versammelt Fakten (und Meinungen) über Karl den Großen als Herrscher und Privatmann in einer an Sueton (*De vita Caesarum*, 1. Jh. n. Chr.) orientierten Darstellungsform.

Hrotsvit von Gandersheim: *Abraham.* *Lapsus et conversio Mariae neptis Habrahae heremicolae*

Entst.: nach 962 – ED: Nürnberg 1501 – EÜ: 1503

(Lese-)Drama bzw. dialogisierte Legende in Reimprosa (›Fehltritt und Bekehrung Marias, der Nichte des Eremiten Abraham‹) als Alternative zu den als anzüglich angesehenen Liebesgeschichten bei Terenz; die (psychologisch) überzeugende Belehrung durch Abraham im Bordell lässt seine verwaiste Nichte wieder ins fromme Einsiedlerleben zurückkehren.

Ruodlieb

Entst.: um 1050 – ED: Göttingen 1838 – EÜ: 1897

Anonymer Versroman in leoninischen Hexametern, im Kloster Tegernsee entstanden; als Gestaltung des Idealbilds eines christlichen Ritters von höfischer Bildung Vorläufer des höfischen Romans im 12./13. Jh.

Petrus Abaelardus: *Epistulae*

Entst.: zwischen 1133 und 1140 – ED: Paris 1616 – EÜ: 1894

Briefe von und an den Kanoniker Abaelardus (erst für die Ausgabe von 1616 zusammengestellt, Echtheit teilweise umstritten); stoffgeschichtlich und wegen seines ethischen Subjektivismus bedeutend ist vor allem der erste Brief über Abaelards Liebe zu Heloise: *Historia calamitatum mearum* (Geschichte meiner Leiden).

Ludus de Antichristo

Entst.: um 1160 – UA: (?) – ED: Augsburg 1721–25 – EÜ: 1913

Anonymes Festspiel in gereimten Versen; verherrlicht den staufischen Reichsgedanken und gestaltet die Funktion des Antichrist im göttlichen Heilsplan.

Andreas Capellanus: *De amore*

Entst.: um 1185/86 – ED: Straßburg, um 1473/74 – EÜ: 1482

Lehrhafter Traktat in drei Büchern; moraltheologisch angelegte Verurteilung von Liebe, Sexualität und Frauen, insbesondere ihrer Idealisierung in der ritterlich-höfischen Literatur.

Carmina Burana

Entst.: um 1225/30 – ED: Stuttgart 1847 – EÜ: 1879

Sammlung von rund 300 lateinischen Dichtungen mit mhd. Einsprengseln (moralisch-satirische Dichtungen, Frühlings- und Liebeslieder, Klagen, Trink- und Spielerlieder, geistliche Spiele); zusammengestellt im Kloster Benediktbeuern.

Thomas von Aquin: *Summa theologica*

Entst.: 1266–73 – ED: Basel 1485 (Teil II 2 bereits Straßburg, nicht nach 1463) – EÜ: 1886–92

Philosophisch-theologisches Lehrbuch in drei Teilen, das als Inbegriff mittelalterlichen Denkens zu verstehen ist; Gott, Schöpfung und Mensch, Streben zu Gott, Christus und die Sakramente werden systematisch analysiert und diskutiert.

Jacobus de Voragine: *Legenda aurea*

Entst.: vor 1267 – ED: Köln 1470 – EÜ: um 1530

150 Heiligenleben in Kurzform, die den Festen im Kirchenjahr zugeordnet sind; Quelle für zahlreiche weitere Legendare, Predigten und allgemein die mittelalterliche Erbauungsliteratur.

Gesta Romanorum

Entst.: vor 1342 – ED: Köln 1472 – EÜ: 1489

Sammlung von Anekdoten, Sagen, Fabeln und Märchen mit Exempelcharakter (›Taten der Römer‹), die sich aus Erzählstoffen der römischen Geschichte und der mittelalterlichen Legende speist; seit dem 14. Jh. auch in den Volkssprachen verbreitet.

Henricus Institoris / Jakob Sprenger: *Malleus maleficarum*

Entst. 1485/87 – ED: Köln 1494

Der dreiteilige Text (›Hexenhammer‹) beschreibt das Wirken des Teufels sowie der Hexe als dessen Werkzeug, nennt Maßnahmen gegen die Hexerei und formuliert in 35 Fragen Prozessanleitungen.

Giovanni Pico della Mirandola: *De hominis dignitate*

ED: Bologna 1496 – EÜ: 1940

1486 entstandene Rede im Geist der Renaissance (›Über die Würde des Menschen‹); stellt den Menschen als *homo faber* in die Mitte der Welt (Selbstbestimmung und Naturbeherrschung) und versöhnt Naturphilosophie und Theologie in einem Bild der wahren Philosophie.

Erasmus von Rotterdam: *Moriae encomium*

ED: Paris 1511 – EÜ: 1534 (Ü: Sebastian Franck)

Thomas Morus gewidmete Satire (›Lob der Torheit‹), in der die personifizierte Torheit ihr Selbstlob verkündet und so der gesamten Menschheit den Narrenspiegel vorhält.

Epistolae obscurorum virorum

ED: Hagenau 1515 – EÜ: 1876

Humanistische Satire in Gestalt einer Sammlung fingierter Briefe (›Briefe von Dunkelmännern‹); parodiert in gewollt barbarischem Latein die mittelalterliche Scholastik sowie die Pfaffenkirche.

Thomas Morus: *Utopia*

ED: Löwen 1516 – EÜ: 1524

Neulateinische Staatsutopie, die das Modell eines rational geordneten, technisch hochentwickelten Inselstaates entwirft; begründet die Gattung ›Utopie‹.

Cantar de mío Cid

Entst.: 12. Jh. – ED: Madrid 1779 – EÜ: 1850

Spanisches Nationalepos eines unbekannten Autors; gestaltet den historisch-heroischen Stoff des ›Cid‹ (arabisch, ›Herr‹) Ruy Díaz de Vivar aus den Kriegen gegen die Mauren.

Garcí Rodríguez de Montalvo: *Amadís de Gaula*

ED: Saragossa 1508 – EÜ: 1569–71

Erster Ritterroman in kastilischer Sprache; europaweit rezipiertes Vorbild für phantastische Ritterabenteuer (Rodríguez – auch: Ordoñez – ist vermutlich nur Bearbeiter älteren Materials).

La vida de Lazarillo de Tormes, y de sus fortunas y adversidades

ED: Alcalá de Henares, Antwerpen, Burgos 1554 (abweichende Fassungen) – EÜ: 1617

Anonymer Schelmenroman (›Das Leben des Lazarillo de Tormes, mit seinen Glücksfällen und Widrigkeiten‹), der durch eine pessimistisch-weltkritische Episodenreihung im niederen Stil das spanische Volksleben schildert; bis ins frühe 18. Jh. in ganz Europa gattungsprägend.

Luís Vaz de Camões: *Os Lusíadas*

ED: Lissabon 1572 – EÜ: um 1810

Das portugiesische Nationalepos in zehn Gesängen; in Anlehnung an Homer und Vergil werden die Taten des portugiesischen Volkes geschildert, v. a. die Erschließung des Seeweges nach Indien.

Miguel de Cervantes Saavedra: *El ingenioso hidalgo Don Quixote de la Mancha*

ED: Madrid 1605/15 – EÜ: 1621

Roman über die grotesken Abenteuer des in eine Wahnwelt von Rittern und Heldentaten eingesponnenen Landjunkers Don Quijote und seines bäuerlich-realistischen Knappen Sancho Panza; aufgrund seiner erzähltechnischen Komplexität (Selbstreferenzialität) Mustertext des ›modernen‹ Romans.

Miguel de Cervantes Saavedra: *Novelas exemplares*

ED: Madrid 1613 – EÜ: 1753 (Teile), 1779 (vollständig)

Sammlung von zwölf Einzel-Novellen (›Exemplarische Novellen‹), die in ihrem christlich-didaktischen Charakter einen moralischen Gegenentwurf zu Boccaccios *Decameron* darstellen.

Tirso de Molina *(d. i. Fray Gabriel Télez)*:
El burlador de Sevilla y convidado de piedra

UA: Madrid, um 1624 – ED: Barcelona 1630 – EÜ: 1805

Schauspiel in drei Akten (›Der Verführer von Sevilla und der steinerne Gast‹); die erste umfangreiche Charaktergestaltung des Don Juan endet gemäß der Konventionen des Mysterienspiels mit der Höllenfahrt des Sünders.

Francisco de Quevedo y Villegas:
Sueños y discursos de verdades descubridoras de abusos, vicios y engaños en todos los oficios y estados del Mundo

ED: Barcelona 1627 (vier unabhängige Drucke im selben Jahr) – EÜ: 1639

Fünf Moralsatiren mit Rahmenhandlung (›Träume und Gespräche über Wahrheiten, die Missbräuche, Laster und Betrügereien in allen Ämtern und Ständen der Welt aufdecken‹); schildern im manieristischen Stil des *conceptismo* visionäre Stoffe (Jüngstes Gericht, Jenseitsreise usw.).

Lope Félix de Vega Carpio: *El castigo sin venganza*

UA: 1. 8. 1631 – ED: Madrid 1635 – EÜ: 1941

Verstragödie in drei Akten, die auf eine Novelle von Matteo Bandello zurückgeht (›Die Strafe ohne Rache‹); gestaltet den Konflikt von Liebe und Ehre in einer Dreiecksgeschichte.

Pedro Calderón de la Barca: *La vida es sueño*

UA: (?) – ED: Madrid 1636 – EÜ: 1815

Versdrama in drei Akten (›Das Leben ist ein Traum‹), das Ernst und Komik mischt; durch seine moralische Tendenz im Zusammenhang mit dem Motiv des ›desengaño‹ (Desillusionierung) ein typisches Werk des ›siglo de oro‹, des ›Goldenen Jahrhunderts‹ der spanischen Literatur.

Luis de Góngora y Argote: *Soledades*

ED: Madrid 1636 – EÜ: 1934

Manieristische Pastoralen-Dichtung (›Einsamkeiten‹) in zwei Teilen (unvollendet); als Hauptwerk des elitären, mit Klang und Form spielenden *culteranismo* von großem Einfluss auf die spanische Dichtung des frühen 20. Jh.

Baltasar Gracián: *El criticón*

ED: Saragossa 1651–57 – EÜ: 1698

Philosophisch-gesellschaftskritischer Roman in drei Teilen (›Der Urteilende‹), die den Lebensaltern entsprechen; schildert in allegorisch stilisierten Episoden die Bildung eines Jünglings zum vorurteilsfreien, scharfsichtigen Hofmann.

Domingo Faustino Sarmiento:
Civilización y barbarie: Vida de Juan Facundo Quiroga

ED: Santiago de Chile 1845 – EÜ: 1911

Biographischer Roman mit theoretischen Einschüben (›Zivilisation und Barbarei: Leben des Juan Facundo Quiroga‹); erzählt die Geschichte Argentiniens während der ersten Hälfte des 19. Jh. und entwirft die Zielvorstellung einer europäisch geprägten Gesellschaft.

Antonio Machado y Ruiz:
Soledades. Galerías. Otros poemas

ED: Madrid 1907 – EÜ: 1948

Gedichtsammlung, in deren Mittelpunkt das Motiv der Einsamkeit steht (›Einsamkeiten. Galerien. Weitere Dichtungen‹); vertritt unter dem Einfluss Petrarcas, der spanischen Mystik und der französischen Moderne die Innovationen der *generación del 98.*

Fernando Pessoa: *O livro do Desassossego*

ED: Lissabon 1982 – EÜ: 1985

Zwischen 1913 und 1934 entstandene Prosa (›Das Buch der Unruhe‹); notiert in tagebuchartiger Gestalt melancholische Reflexionen auf Spaziergängen.

Federico García Lorca: *Poeta en Nueva York*

Entst.: 1929/30 – ED: Mexiko-Stadt 1940 – EÜ: 1963

Sammlung von 43 Gedichten (›Dichter in New York‹), die das schockierende Erlebnis der modernen Metropole in phantastischen, surrealen Bildern verarbeitet; die chaotische Zivilisation prägt mit Entfremdung und sozialer Ungerechtigkeit existentielle Grunderfahrungen wie Liebe, Einsamkeit und Tod.

José Ortega y Gasset: *La rebelión de las masas*

ED: Madrid 1930 – EÜ: 1931

Kulturphilosophischer Essay (›Der Aufstand der Massen‹); unternimmt eine zeitkritische Analyse der ›Vermassung‹ und warnt vor dieser Gefahr für Kultur und Freiheit.

Federico García Lorca: *Yerma. Poema trágico en tres actos y seis cuadros*

UA: Madrid, 29. 12. 1934 – ED: Buenos Aires 1937 – EÜ: 1954

Prosatragödie mit Verseinlagen (›Yerma. Tragische Dichtung in drei Akten und sechs Bildern‹); mythisierende Darstellung einer kinderlosen Frau im Bauernmilieu, wo die Liebe an sozialen Normen scheitern muss.

Jorge Luis Borges: *El Aleph*

ED: Buenos Aires 1949 – EÜ: 1959

Sammlung von 17 philosophischen Erzählungen, die jeweils Lebensgeschichten aus unterschiedlichen Zeiten und Räumen vorführen; kreisen parabelartig um die Themen ›Tod‹, ›Geschichte‹, ›Wahrheit‹.

Pablo Neruda: *Canto general*

ED: Mexiko 1950 – EÜ: 1953

Politisch-historischer Gedichtzyklus in 15 Teilen; zeigt die Geschichte Südamerikas als Prozess der Unterwerfung durch europäische und US-amerikanische Kolonisatoren.

Gabriel García Marquez: *Cien años de soledad*

ED: Buenos Aires 1967 – EÜ: 1970

Roman (›Hundert Jahre Einsamkeit‹), schildert im Rahmen einer magisch-grotesk überhöhten Familiensaga die politisch-soziale Entwicklung Kolumbiens im 19. Jh. und preist die Vitalität des Volkes.

Mario Vargas Llosa: *Lituma en los Andes*

ED: Barcelona 1993 – EÜ: 1996

Peruanischer Kriminalroman (›Lituma in den Anden‹) um das Verschwinden von drei Straßenbauarbeitern; schildert einen Fall von Kannibalismus als Fortwirken indianischer Mythen vor dem Hintergrund terroristischer Aktivitäten des ›Leuchtenden Pfads‹.

Roberto Bolaño: 2666

ED: Barcelona 2004 – EÜ: 2009

Postum herausgegebener Roman in fünf nur vage verknüpften Teilen; vor dem Hintergrund einer detailgenau geschilderten Mordserie an Frauen suchen internationale Germanisten in Mexiko erfolglos nach Spuren eines deutschen Nationalsozialisten, der nach dem Zweiten Weltkrieg zum Schriftsteller geworden ist.

Skandinavien

Edda

Entst.: um 1220 (Snorra-Edda); um 1270 (Lieder-Edda) – ED (vollständig): Stockholm 1817 – EÜ: 1777 (Auszüge), 1851 (vollständig)

Die ›Snorra-Edda‹ des Isländers Snorri Sturluson fasst als Lehrbuch für Dichter (›Skalden‹) die altnordische Götter- und Sagenwelt zusammen, erzählt die wichtigsten Heldenlieder in Prosa nach und erläutert jede Strophenform an einem Beispiel; die jüngere ›Lieder-Edda‹ sammelt isländische Götter- und Heldenlieder aus früheren Jahrhunderten (gelegentlich in knapper Prosa kommentiert).

Ludvig Holberg: *Den politiske kandstøber*

UA: Kopenhagen, 26. 9. 1722 – ED: Kopenhagen 1723 – EÜ: 1742

Dänische Typenkomödie (›Der politische Kannengießer‹) in fünf Akten über einen Hamburger Handwerker, dessen Hang zur Politik ein paar junge Leute verleitet, ihn (spaßeshalber) als

Bürgermeister auszugeben; nachdem er schnell an der Realität scheitert, kehrt er erleichtert in seinen eigentlichen Beruf zurück.

Carl Michael Bellman: *Fredmans epistlar*

ED: Stockholm 1790 – EÜ: 1856

Schwedische Lieder- und Gedichtsammlung, deren Anakreontik immer wieder von derb realistischen Elementen durchbrochen wird; die um 1770 entstandenen Trink- und Liebeslieder, bei denen Bacchus und Venus thematisch im Mittelpunkt stehen, sind mit – heute noch in Schweden gesungenen – Melodien unterlegt, in denen Bellman sich auch populärer Vorlagen bedient.

Kalevala

ED: Helsinki 1835 – EÜ: 1852

Das finnische Nationalepos (50 Gesänge in vierhebigem, auftaktlosem Trochäus); die Schöpfung des Arztes Elias Lönnrot, der tradierte Lieder aus dem finnisch-russischen Grenzgebiet zu einem Epos zusammengefügt hat, bietet ein vielgestaltiges Bild der heidnischen Frühzeit, das im Aufbau an die mittelalterlichen ›Spielmannsepen‹ erinnert.

Hans Christian Andersen: *Eventyr, fortalte for børn*

ED: Kopenhagen 1835–37 – EÜ: 1839

Dänische Kunstmärchen (›Märchen, für Kinder erzählt‹) in Abkehr vom Erzählstil der Brüder Grimm; fantastische Motive werden philosophisch-ethisch ausgedeutet.

Sören Kierkegaard: *Enten – Eller. Et Livs-Fragment, udgivet af Victor Eremita*

ED: Kopenhagen 1843 – EÜ: 1885

Reflexion der doppelten Existenzmöglichkeit des Menschen (›Entweder – Oder‹); die ästhetische Lebensanschauung kulminiert in der Maxime, das Leben zu genießen (Interpretation der Don-Juan-Figur), während der Ethiker die Kategorie der Wahl und somit der menschlichen Selbstbestimmung entgegenhält.

Henrik Ibsen: *Et Dukkehjem*

UA: Kopenhagen, 12. 12. 1879 – ED: Kopenhagen 1879 – EÜ: 1880

Norwegisches Schauspiel in drei Akten (›Ein Puppenheim‹); die junge Gattin Nora befreit sich aus ihrem ›Puppenheim‹, d. h. aus der Abhängigkeit von Familie und Haushalt, insbesondere vom als spießig und egoistisch entlarvten Ehemann.

Jens Peter Jacobsen: *Niels Lyhne*

ED: Kopenhagen 1880 – EÜ: 1889

Dänischer (Entwicklungs-)Roman, der eine absteigende Lebenslinie zeichnet; der Protagonist scheitert am Versuch einer Versöhnung von Phantasterei und Atheismus und stirbt, im Deutsch-Dänischen Krieg 1864 verwundet, im Bewusstsein der absoluten Einsamkeit des Menschen.

August Strindberg: *Fröken Julie. Ett naturalistiskt sorgespel*

UA: Kopenhagen, 14. 3. 1889 – ED: Stockholm 1888 – EÜ: 1888

Schwedischer Einakter (›Fräulein Julie. Ein naturalistisches Trauerspiel‹); das Vorwort zur Erstausgabe gilt als naturalistische Programmschrift, in der Strindberg die Geschichte des sozialen Aufstiegs und Falls der Protagonisten unter dem Einfluss Darwins und Nietzsches deutet.

Knut Hamsun: *Sult*

ED: Kopenhagen 1888 – EÜ: 1891

Norwegischer Roman (›Hunger‹) über einen jungen Intellektuellen, der am Rande der Existenzmöglichkeit dahinvegetiert; die Assoziationen, Reflexionen und Beobachtungen des Ich-Erzählers (›innerer Monolog‹, ›erlebte Rede‹, ›Sekundenstil‹) weisen Hamsun als Vorläufer von Proust und Joyce aus.

Martin Andersen Nexø: *Pelle Erobreren*

ED: Kopenhagen 1906–10 – EÜ: 1912

Dänischer Roman (›Pelle der Eroberer‹) in Anlehnung an den klassischen bürgerlichen Bildungsroman; in vier Teilen (*Kindheit*; *Lehrjahre*; *Der große Kampf*; *Morgengrauen*) wird die Selbstfindung eines Proletariers dargestellt (Einführung des Arbeitermilieus in die Literatur).

Gösta Tranströmer: *17 dikter*

ED: Stockholm 1954 – EÜ: 1965 (in: *Schwedische Gedichte*; Ü: Nelly Sachs)

Erste Gedichtsammlung des schwedischen Lyrikers (›17 Gedichte‹); ebenso von der angelsächsischen Moderne wie von der griechischen Antike und japanischen Haikus beeinflusste, lakonisch-bildstarke Reaktionen auf die gewöhnliche Lebenswelt.

Jon Fosse: *Namnet, Skodespel*

EA: Bergen, 27. 5. 1995 – ED: Oslo 1995 – EÜ: 1997

Repräsentatives Theaterstück der norwegischen Postmoderne (›Der Name‹); weitgehend sinnentleerte Gespräche eines schwangeren Mädchens im Kreis ihrer Familie in Anwesenheit des werdenden Vaters.

Stieg Larsson: *Män som hatar kvinnor*

ED: Stockholm 2005 – EÜ: 2006

Kriminalroman in schwedischer Sprache (›Männer, die Frauen hassen‹; deutsch: *Verblendung*); erster Teil der eigentlich auf zehn Bände angelegten ›Millennium-Trilogie‹ um Frauenmorde und Wirtschaftskriminalität.

Karl Ove Knausgård: *Min kamp*

ED: Oslo 2009–11 – EÜ: 2011–17

Serie von sechs Romanen norwegischer Sprache (›Mein Kampf‹); Versuch, die eigene Vita und Autorschaft in größtmöglicher Detailgenauigkeit und Authentizität zu beschreiben.

Frankreich

Guillaume de Lorris / Jean de Meun:
Le Roman de la Rose

ED: Lyon 1503 (Prosafassung); Paris 1526 (Versfassung) – EÜ: 1839

Allegorischer Vers-Roman (›Roman der Rose‹) in zwei Teilen von verschiedenen Verfassern; Teil 1 (um 1230–40) gestaltet das höfische Liebesideal des Mittelalters, in Teil 2 (1275–80) dominieren moralphilosophische Fragestellungen.

François Villon: *Le grand testament Villon et le petit*

ED: Paris 1489 – EÜ: 1907

Gedichtsammlung (›Das große Testament Villons und das kleine‹), die das Gesamtwerk des ›poète maudit‹ beinahe vollständig umfasst; satirische Darstellung des Pariser Lebens im ausgehenden Mittelalter.

François Rabelais: *Gargantua et Pantagruel*

ED (in fünf Teilen mit weitschweifigen Titeln): Lyon 1532, Lyon 1534, Paris 1546, Lyon 1548, Paris (?) 1562 – EÜ: 1575

Satirischer Roman nach einem Volksbuch, der anhand der Abenteuer von Riesen ein Panorama der französischen Renaissancekultur zeigt; sprachschöpferische deutsche Übersetzung durch Johann Fischart.

Michel de Montaigne: *Essais*

ED: Bordeaux 1580; letzte erweiterte Fassung: Paris 1595 – EÜ: 1753–54

Subjektiv-skeptische Reflexionen über moralphilosophische Themen, die den ›Essay‹ als literarisch-philosophische Gattung begründen.

Pierre Corneille: *Le Cid*

UA: Paris 1636 – ED: Paris 1637; letzte Fassung: Paris 1660 – EÜ: 1650

Heroische Tragikomödie nach spanischer Vorlage (*Cantar de mío Cid*); löste aufgrund der Verstöße gegen klassizistische Regeln eine intensive poetologische Diskussion aus (›querelle du Cid‹).

René Descartes: *Discours de la méthode pour bien conduire sa raison et chercher la vérité dans les sciences*

ED: Leiden 1637 – EÜ: 1863

Traktat in sechs Teilen, der auf autobiographischer Basis nach der richtigen Methode der philosophisch-wissenschaftlichen Erkenntnis fragt; entwickelt das Prinzip des radikalen Zweifels und der logischen Deduktion aus gesicherten Prämissen (›Ich denke, also bin ich‹).

Molière *(d. i. Jean-Baptiste Poquelin)*: ***Le misanthrope***

UA: Paris, 4. 6. 1666 – ED: Paris 1667 – EÜ: 1742

Gesellschaftskritische Typenkomödie (›Der Menschenfeind‹) in klassizistischer Form; deutsche Erstübersetzung durch Luise Adelgunde Victorie Gottsched.

Jean de La Fontaine: *Fables choisies mises en vers*

ED: Paris 1668; letzte erweiterte Fassung: Paris 1694 – EÜ: 1791–94

Fabeln in Versform; klassizistische Adaption antiker Fabeln (Aesop-Tradition) als Gesellschaftssatire in moralpädagogischer Absicht.

Blaise Pascal: *Pensées de M. Pascal sur la religion et sur quelques autres sujets*

ED: Paris 1669/70 – EÜ: 1710

Philosophisch-theologische Aphorismen im Geist des Jansenismus (›Gedanken des Herrn Pascal über die Religion und einige andere Gegenstände‹); warnen vor der Selbstgewissheit der menschlichen Vernunft und setzen ihr eine Logik des Herzens entgegen (Glauben und Liebe).

Jean Racine: ***Phèdre et Hippolyte***

UA: Paris, 1. 1. 1672 – ED: Paris 1677 – EÜ: 1749

Klassizistische Vers-Tragödie (›Phädra und Hippolyt‹) auf Basis des griechischen Phaidra-Mythos; durch die pathetische Seelenanalyse (Wandlung verschmähter Liebe in Hass) eine Alternative zu Corneilles Römer-Heroismus.

Marie-Madeleine de La Fayette: ***La Princesse de Clèves***

ED: Paris 1678 – EÜ: 1711

Historischer Kurzroman um eine illegitime Liebe; distanziert sich von den heroisch-galanten und Schäfer-Romanen des 17. Jh. zugunsten einer psychologischen Figuren- und Handlungsführung.

Montesquieu *(Charles Louis de Secondat, baron de La Brède et de Montesquieu)*: ***Lettres persanes***

ED: Amsterdam (richtig: Rouen oder Köln) 1721 – EÜ: 1759

Satirischer Briefroman (›Persische Briefe‹), der das zeitgenössische Frankreich aus der verfremdenden Sicht persischer Reisender zeigt.

Jean-Jacques Rousseau: ***Discours sur l'origine et les fondemens de l'inégalité parmi les hommes***

ED: Amsterdam 1755 – EÜ: 1756

Geschichtsphilosophisch-politische Abhandlung (›Abhandlung über den Ursprung und die Grundlagen der Ungleichheit unter den Menschen‹); begreift den Prozess der Zivilisation als Entfernung von der Natur und erklärt die Entstehung des Privateigentums zum Ursprung aller sozialen Missstände.

Voltaire *(d. i. François-Marie Arouet)*: ***Candide ou l'Optimisme***

ED: Genf 1759 (mehrere Drucke im selben Jahr) – EÜ: 1761

Satirischer Kurzroman (›Candide oder der Optimismus‹); parodiert Leibniz' Formel von der ›besten aller möglichen Welten‹ durch unablässige Unglücksfälle aufgrund menschlicher Bosheit.

Denis Diderot: ***Jacques le fataliste et son maître***

Entst.: 1773–75 – ED: Paris 1796 (1778–80 Vorabdrucke in Melchior Grimms *Correspondence littéraire*) – EÜ: 1792

Antiillusionistischer Roman (›Jacques der Fatalist und sein Herr‹), der unter dem Einfluss von Cervantes und Sterne durch ironische Abschweifungen die Handlung immer wieder unterbricht; kontrastiert Willensfreiheit und Fatalismus.

Jean-Jacques Rousseau: *Les confessions*

ED: Genf 1782–89 – EÜ: 1786–90

Autobiographie (›Die Bekenntnisse‹); aufgrund der detailgenauen Selbstanalyse, die auch Sexualität nicht ausspart, wichtigstes Vorbild für psychologische Selbsterforschungen seit dem späten 18. Jh.

Stendhal *(d. i. Marie-Henri Beyle)*: *Le rouge et le noir. Chronique du XIXe siècle*

ED: Paris 1830 – EÜ: 1900

Sozialkritischer Roman (›Rot und Schwarz. Chronik des 19. Jh.‹); zeigt die Entwicklungsgeschichte eines Emporkömmlings in der Entscheidung zwischen den herrschenden gesellschaftlichen Kräften (Republikaner vs. Klerus).

Honoré de Balzac: *Le père Goriot*

ED: Paris 1834/35 (in: *La Revue de Paris*) – EÜ: 1835

Ende 1819 in Paris spielender Roman (›Vater Goriot‹), der zum Zyklus *La comédie humaine* gehört und das Kernthema von Shakespeares *King Lear* variiert; ausführliche Schilderung der verschiedenen sozialen Milieus in Analogie zum biologischen System der Artenentwicklung.

Gustave Flaubert: *Madame Bovary. Mœurs de province*

ED: Paris 1856 (gekürzt in: *La Revue de Paris*); vollständig: Paris 1857 – EÜ: 1858

Roman (›Sitten der Provinz‹); analysiert in sachlich-neutraler Darstellung den Ehebruch einer Apothekersgattin in der Normandie.

Charles Baudelaire: *Les fleurs du mal*

ED: Paris 1857; letzte Fassung: Amsterdam (richtig: Brüssel) 1866; Einzelveröffentlichungen seit 1845 – EÜ: 1891

Gedichtsammlung (›Die Blumen/Blüten des Bösen‹; zumeist Sonette in Alexandrinern); in der amoralisch-ästhetizistischen Protesthaltung gegen das Bürgertum wegweisend für die ›moderne‹ Lyrik seit dem späten 19. Jh.

Arthur Rimbaud: *Une saison en enfer*

ED: Brüssel 1873 – EÜ: 1927

Rhythmische Prosa in neun Teilen (›Eine Zeit in der Hölle‹); autobiographische Krisen-Reflexionen in ekstatisch überhöhter Sprache.

Emile Zola: *Germinal*

ED: Paris 1884–85 (in: *Gil Blas*) – EÜ: 1885

Naturalistischer Roman; der 13. Teil des Zyklus *Les Rougon-Macquart* zeigt in nüchterner Darstellung die elenden Lebens- und Arbeitsbedingungen französischer Bergarbeiter.

Marcel Proust: *À la recherche du temps perdu*

ED: Paris 1913–27 – EÜ: 1926; vollständig 1953–57

Romanzyklus in sieben Teilen (›Auf der Suche nach der verlorenen Zeit‹), der die Auflösung der Gesellschaftsstrukturen des Ancien Régime im Medium einer autobiographischen Individualgeschichte schildert; psychologische Analyse der Erinnerung und der Zeitempfindung.

Louis Aragon: *Le paysan de Paris*

ED: Paris 1924–25 (in: *La Revue Européenne, La Révolution Surréaliste*) – EÜ: 1969

Surrealistische Prosa (›Der Bauer von Paris‹) in drei unzusammenhängenden Teilen; die auf Collage-Technik beruhenden Texte wollen magische Hintergründe der Alltagsrealität evozieren.

Louis-Ferdinand Céline: *Voyage au bout de la nuit*

ED: Paris 1932 – EÜ: 1933

Zivilisationskritischer Reiseroman (›Reise ans Ende der Nacht‹); schildert in frühexistentialistischem Nihilismus die Lebensgeschichte des Ich-Erzählers als Abfolge von Enttäuschungen.

Jean-Paul Sartre: *La nausée*

ED: Paris 1938 – EÜ: 1949

Roman in Tagebuchform (›Der Ekel‹), der psychologisch exakt die Lebenskrise eines Provinzhistorikers gestaltet; diskutiert parallel zum theoretischen Hauptwerk *L'être et le néant* die existentielle Sinnlosigkeit.

Jean-Paul Sartre: *L'être et le néant*

ED: Paris 1943 – EÜ: 1952

Existentielle Ontologie (›Das Sein und das Nichts‹), die im Anschluss an Hegel, Husserl und Heidegger ein Bild vom Menschen entwirft, der in grenzenloser Freiheit dazu verdammt ist, sich immer wieder selbst zu entwerfen.

Albert Camus: *La peste*

ED: Paris 1947 – EÜ: 1949

Roman in fünf Teilen, der anhand einer Pestseuche im algerischen Oran die beständige Auseinandersetzung des Menschen mit dem Bösen und Absurden in der Welt aufzeigt; betont vor dem Hintergrund der Résistance gegen die deutsche Besatzungsmacht im Zweiten Weltkrieg die Sinnlosigkeit von Krieg und Totalitarismus, der nur Solidarität und Liebe entgegenzuhalten sind.

Simone de Beauvoir: *Le deuxième sexe*

ED: Paris 1949 – EÜ: 1951

Gesellschaftsgeschichtliche Untersuchung zur Frauenemanzipation (›Das zweite Geschlecht‹); charakterisiert bürgerliche Frauenrollen als Unterdrückung durch die Männer und fordert Selbständigkeit und Gleichberechtigung der Frau.

Samuel Beckett: *En attendant Godot*

UA: Paris, 5. 1. 1953 – ED: Paris 1952 – EÜ 1953

›Absurdes‹ Drama in zwei Teilen (›Warten auf Godot‹); verzichtet in der Tradition des japanischen ›Nô-Spiels‹ auf klare Handlungsführung und präzise Handlungsräume.

Alain Robbe-Grillet: *Le voyeur*

ED: Paris 1955 – EÜ: 1957

Beispiel für den experimentellen ›nouveau roman‹ (›Der Zuschauer‹/›Augenzeuge‹); auf der stofflichen Folie eines Kriminalromans werden die Wahrnehmungsweisen der Hauptfigur problematisiert.

Roland Barthes: *La mort de l'auteur*

ED: New York 1967 (*The Death of the Author*), Marseille 1968 – EÜ: 2000

Poststrukturalistischer Essay (›Der Tod des Autors‹), der den Autor als maßgebliche Autorität der Textinterpretation verabschiedet; als ›Gewebe von Zitaten‹ transportiert ›Schrift‹ (›écriture‹) keinen eindeutig dechiffrierbaren Sinn, sondern wird vom Leser im Akt der Lektüre je individuell ›entwirrt‹.

Jacques Derrida: *La différance*

ED: Paris 1968 (in: *Bulletin de la Société française de philosophie* sowie *Théorie d'ensemble*) – EÜ: 1988

Am 27. 1. 1968 gehaltener Vortrag, der die dekonstruktivistische Kritik am traditionellen Begriff von ›Zeichen‹ durch einen unübersetzbaren Neologismus auf den Punkt bringt: *différance* benennt diejenige Bewegtheit von Zeichen, durch die sich jegliche Sprache als Text (›Gewebe‹) von Differenzen konstituiert.

Michel Foucault: *L'ordre du discours*

ED: Paris 1971 – EÜ: 1974

Erweiterte Fassung der wissenschaftstheoretischen Antrittsvorlesung am Collège de France (2. 12. 1970), die ›Wissen‹ als Produkt von historisch wechselnden Ausschließungssystemen charakterisiert; innerhalb eines geltenden ›Diskurses‹ sind demgemäß immer nur die ihm entsprechenden Einsichten möglich.

Jean-François Lyotard: *La condition postmoderne. Rapport sur le savoir*

ED: Paris 1979 – EÜ: 1982 (in: *Theatrum machinarum* 3/4)

Philosophisch-soziologische Analyse der neuen Wissensbedingungen in einer kybernetisch fundierten Lebenswelt; problematisiert die Fortschrittsversprechen der Aufklärung und setzt deren ›großen Erzählungen‹ eine auf Dissens statt auf Konsens setzende ›Praxis der Gerechtigkeit‹ entgegen.

Michel Houellebecq: *Les particules élémentaires*

ED: Paris 1998 – EÜ: 1999

Gegenwartskritisch-utopischer Roman (›Die Elementarteilchen‹), der in nüchterner Sprache die Gefühlsleere und Liebesunfähigkeit in modernen Gesellschaften schildert; am Beispiel eines charakterlich konträren Brüderpaars wird die Unmenschlichkeit des Lebens am Ende des zweiten Jahrtausends gezeigt, bevor der als Biographie eines genialen Biochemikers angelegte Text den Übergang in eine neue Epoche entwirft, in der die sexuelle Fortpflanzung zugunsten körperlicher Unsterblichkeit überwunden ist.

Jonathan Littell: *Les Bienveillantes*

ED: Paris 2006 – EÜ: 2008

In der Art einer musikalischen Suite gegliederter Roman über den deutschen Russland-Feldzug ab 1941 (›Die Wohlgesinnten‹; eigentlich ›Die Eumeniden‹ nach Aischylos' *Orestie*); ein homosexueller SS-Offizier, der seit Kriegsende unter falschem Namen in Frankreich lebt, erinnert in distinguierter Kühle die Gräueltaten von SS und Wehrmacht in Verbindung mit einem Doppelmord in der eigenen Familie, den der Ich-Erzähler offenbar selbst verübt hat.

Yasmina Reza: *Le Dieu du carnage*

EA: Zürich, 2. 12. 2006 – ED: Paris 2006 – EÜ: 2006

Ironisch-sozialkritisches Kammerspiel (›Der Gott des Gemetzels‹) um zwei wohlsituierte Ehepaare in Paris; die vordergründige Kultiviertheit zerbricht schnell und mündet in die grobe Auseinandersetzung aller mit allen.

Dante Alighieri: *Vita nova*

Entst.: um 1290 – ED: Florenz 1576 – EÜ: 1824

Gedichtsammlung mit stilisierten autobiographischen Prosaeinschüben (›Das neue Leben‹); Hauptwerk des von provenzalischen Vorbildern beeinflussten ›dolce stil nuovo‹, der die italienische Liebeslyrik begründet.

Dante Alighieri: *La Divina Commedia*

Entst.: um 1307–21 – ED: *La Comedia*, Foligno 1472 – EÜ: 1767–69

Christliches Epos (›Die Göttliche Komödie‹) in Anlehnung an Vergils *Aeneis*, das in 100 Gesängen Dantes Wanderung (Ostern 1300) durch die drei Jenseitsbereiche (Hölle, Fegefeuer, Paradies) schildert; gestaltet das scholastische Weltbild in satirischer Auseinandersetzung mit der politisch-sozialen Gegenwart.

Giovanni Boccaccio: *Il Decameron*

Entst.: um 1350 – ED: Venedig 1470 – EÜ: um 1476/77

Sammlung von 100 Novellen mit hochstilisierter Rahmenhandlung (Florenz im Pestjahr 1348); prägt die europäische Novellistik mit zumeist erotischen Stoffen im zeitgenössisch-realistischen Milieu.

Francesco Petrarca: *Il Canzoniere*

ED: Venedig 1470 – EÜ: 1796

Sammlung von Petrarcas (1304–74) Gedichten in toskanischer Sprache (*Rerum vulgarium fragmenta*; zumeist Sonette); enthält neben politischen Reflexionen vor allem Liebeslyrik, in der sich der Mann an die unerreichbare Frau wendet.

Niccolò Machiavelli: *Il principe*

ED: Rom 1532 – EÜ: 1580

Staatspolitische Abhandlung, 1513 entstanden (›Der Fürst‹); erläutert ohne religiös-moralische Rücksichtnahme die Techniken, die einen Alleinherrscher zur politischen Macht führen bzw. diese sichern (›Staatsräson‹), und propagiert die Einigung Italiens als Nationalstaat.

Ludovico Ariosto: *L'Orlando furioso*

ED: Ferrara 1516 (Erstfassung); letzte erweiterte Fassung: Ferrara 1532 – EÜ: 1632

Phantastisch-ironisches Ritterepos in 46 Gesängen (›Der rasende Roland‹); überhöht den karolingischen Roland-Stoff (Kampf zwischen Christen und afroasiatischen Heiden) durch märchenhafte Elemente.

Baldassare Castiglione: *Il Libro del Cortegiano*

ED: Venedig 1528 – EÜ: 1684

Dialoge am Hof der Gonzaga in Urbino (›Das Buch vom Höfling‹), die das aristokratische Kulturideal der Hochrenaissance entwerfen: den universal gebildeten, selbstbeherrschten Höfling.

Torquato Tasso: *Gerusalemme liberata*

ED: *Il Goffredo*, Venedig 1580; erweitert unter variierenden Titeln: Ferrara, Casalmaggiore, Parma 1581 – EÜ: 1626

Christlich-heroisches Epos in 20 Gesängen (›Das befreite Jerusalem‹); schildert in poetischer Phantastik den ersten Kreuzzug unter Gottfried von Bouillon (ab 1096).

Giovanni Battista Guarini: *Il pastor fido*

UA: Siena, März 1593 (?) – ED: Ferrara/Mantua/Venedig 1590 – EÜ: 1619

Erfolgreichstes Schäferdrama des 16./17. Jh. (›Der treue Schäfer‹); durchbricht mit seiner Mischung von komischen und tragischen Elementen in mythologischem Ambiente die aristotelischen Gattungsgrenzen.

Carlo Goldoni: *Le baruffe chiozzotte*

UA: Venedig, Januar 1762 – ED: Venedig 1774 – EÜ: 1957

Dreiaktige Prosakomödie (›Raufereien in Chioggia‹) im regionalen Dialekt; Beispiel für Goldonis Reformkomödie, die sich im Unterschied zur formelhaften Commedia dell'arte um die realistische Schilderung des Volkslebens bemüht.

Alessandro Manzoni: *I promessi sposi*

ED: *Fermo e Lucia* (Erstfassung), Mailand 1825/26 (richtig: 1827); umgearbeitet: Mailand 1840–42 – EÜ: 1828

Historischer Roman in Anlehnung an Walter Scott (›Die Verlobten‹); schildert im Rahmen einer dörflichen Liebesgeschichte die feudalen Sozialstrukturen Norditaliens im 17. Jh.

Giovanni Verga: *I Malavoglia*

ED: Mailand 1881 – EÜ: 1940

Naturalistischer Roman, der den Niedergang einer sizilianischen Fischerfamilie zwischen 1865 und 1880 schildert.

Filippo Tommaso Marinetti: *Manifesto tecnico della letteratura futurista*

ED: Mailand 1912 (in: *I poeti futuristi*) – EÜ: 1912 (in: *Der Sturm*)

Futuristische Programmschrift, die sich polemisch gegen die traditionelle (›passatistische‹) Literatur richtet; distanziert sich von der Verpflichtung der Kunst auf bürgerliche Ethik und propagiert als Vorbild die moderne Technik.

Luigi Pirandello: *Sei personaggi in cerca d'autore*

UA: Rom, 10. 5. 1921 – ED: Florenz 1921 – EÜ: 1925

Antiillusionistisches Drama (›Sechs Figuren auf der Suche nach einem Autor‹); ironisiert die naturalistischen Konventionen durch Darstellung des Theaters auf dem Theater.

Eugenio Montale: *Ossi di seppia*

ED: Turin 1925; erweitert: Turin 1928 – EÜ: 1960

Sammlung ›hermetischer‹ Gedichte (›Tintenfisch-Knochen‹) unter dem Einfluss französischer Symbolisten und T. S. Eliots; melancholische Naturlyrik in extrem verknappter, unpathetischer Metaphorik.

Carlo Levi: *Cristo si è fermato a Eboli*

ED: Turin 1945 – EÜ: 1947

Autobiographisch fundierte Ich-Erzählung über die Verbannung (1935/36) eines faschismuskritischen Malers aus Norditalien in die Basilicata; schildert das kärgliche Dasein der süditalienischen Bauern als Leben außerhalb von Zeit und Staat.

Umberto Eco: *Il nome della rosa*

ED: Mailand 1980 – EÜ: 1983

Idealtyp des ›postmodernen‹ Romans (›Der Name der Rose‹); in Gestalt eines Kriminalromans, in dem es um die Aufklärung einer Mordserie in einem mittelalterlichen Kloster geht, wird die Zeichen- und Text-Theorie des Poststrukturalismus erzählerisch umgesetzt.

Roberto Saviano: *Gomorra. Viaggio nell'impero economico e nel sogno di dominio della camorra*

ED: Mailand 2006 – EÜ: 2007

Literarisch-journalistische Aufarbeitung von Mafia-Verbrechen in Neapel und Umgebung (›Reise ins ökonomische Reich und in den Herrschaftstraum der Camorra‹); erläutert die soziokulturellen Ursachen der süditalienischen Kriminalität und schildert zugleich Helden des Widerstands.

Elena Ferrante: *L'amica geniale*

ED: Rom 2011–14 – EÜ: 2016–18

Roman in vier Teilen (›Die geniale Freundin‹), der die Entwicklungsgeschichte zweier 1944 in Neapel geborenen Frauen erzählt; schildert das Leben in einem Randviertel in seinen gesellschaftlich-politischen Widersprüchen aus der Perspektive einer zu literarischem Erfolg gelangten Schriftstellerin.

Maurizio Ferraris: *Manifesto del nuovo realismo*

ED: Rom/Bari 2012 – EÜ: 2014

Grundsatzkritik an der ›postmodernen‹ Ironie; bestreitet als ›Manifest des Neuen Realismus‹ die auf Nietzsche zurückgeführte These, es gebe keine verbindliche Wirklichkeit, sondern bloß deren ›Interpretationen‹, und verlangt nach einer Rückbesinnung auf ›faktische‹ Wahrheit.

Großbritannien

Geoffrey Chaucer: *The Canterbury-Tales*

ED: Westminster, um 1478 – EÜ: 1827

Zyklus von Vers- und Prosaerzählungen (Ende des 14. Jh. entstanden), die in Anlehnung an Boccaccios *Decameron* in eine Rahmenhandlung (Pilgerfahrt) eingefügt sind; spiegeln die zeitgenössische Gesellschaft und Kultur Englands.

William Shakespeare: *A Midsommer Nights Dreame*

UA: London, vor 1600 – ED: London 1600 – EÜ: 1762

Komödie in fünf Akten (›Ein Mittsommernachtstraum‹), die auf zwei parallelen Ebenen spielt (Welt der Elfen / Athen); enthält als Theater im Theater eine Parodie der englischen Handwerkerbühnen.

William Shakespeare: *The Tragicall Historie of Hamlet, Prince of Denmarke*

UA: London, Juli 1602 (?) – ED: London 1603 (verfälschter Raubdruck) – EÜ: 1766

Fünfaktige Charaktertragödie in Prosa und Versen; zeigt an der Figur eines melancholischen Prinzen den Konflikt zwischen Handeln und Reflexion.

Thomas Hobbes: *Leviathan, ore the Matter, Forme, and Power of a Commonwealth, Ecclesiasticall and Civill*

ED: London 1651 – EÜ: 1794/95

Staatstheoretische Abhandlung in vier Teilen; leitet aus dem Krieg aller gegen alle im vorgesellschaftlichen Zustand die Notwendigkeit einer souveränen Zentralgewalt ab, die auch in religiösen Fragen Autorität besitzt.

John Milton: *Paradise lost*

ED: London 1667; erweitert: London 1674 – EÜ: 1682

Christliches Blankvers-Epos in zwölf Büchern (›Das verlorene Paradies‹), das in Anlehnung an Vergils *Aeneis* den alttestamentlichen Sündenfall als Kampf zwischen Himmel und Hölle schildert.

John Locke: *An Essay concerning Human Understanding*

ED: London 1690 – EÜ: 1757

Erkenntnistheoretische Abhandlung in vier Büchern, die dem Intellektualismus Descartes' den strikten Empirismus entgegenhält, dass alle Erkenntnis der sinnlichen Wahrnehmung entstammt.

Antony Ashley Cooper, *Third Earl of Shaftesbury: The Moralists, a Philosophical Rhapsody*

ED: London 1709 – EÜ: 1745

Philosophische Gespräche in Briefform; in bewusst unsystematischer Weise wird eine optimistische Weltsicht vorgeführt, in der sich Schönheit und Sittlichkeit verbinden; gipfeln im Lobpreis der schönen Vollkommenheit der gottgeschaffenen Natur.

Daniel Defoe: *The Life and Strange Surprizing Adventures of Robinson Crusoe*

ED: London 1719–20 – EÜ: 1720/21

Roman, der mit der Geschichte eines Schiffbrüchigen, der sich auf seiner Insel zweckmäßig einrichtet, die Ideale des puritanischen Bürgertums konkretisiert (Vertrauen auf Vorsehung, Pragmatismus); begründete die Gattung der ›Robinsonaden‹.

Jonathan Swift: *Travels into Several Remote Nations of the World. By Lemuel Gulliver, First a Surgeon, and Then a Captain of Several Ships*

ED: London 1726 – EÜ: 1727/28

Satirischer Reiseroman; führt in phantastischen Episoden sowohl eine gegenwartsbezogene Kulturkritik als auch eine allgemein misanthropische Weltsicht vor.

John Gay: *The Beggar's Opera*

UA: London, 29. 1. 1728 – ED: London 1728 – EÜ: 1770

Komisches Singspiel (›Die Bettler-Oper‹) über das Londoner Bettler- und Verbrechermilieu, das sowohl die italienische Oper travestiert als auch Sozialkritik übt.

George Lillo: *The London Merchant, or, The History of George Barnwell*

UA: London, 21. 6. 1731 – ED: London 1731 – EÜ: 1752

Moritatenhaftes Trauerspiel im Kaufmannsmilieu; führt in rührend-abschreckender Weise die Entwicklungsstationen eines Handlungsgehilfen auf dem Weg zum Verbrecher vor.

Alexander Pope: *An Essay on Man*

ED: Dublin 1732 (richtig: 1733), London 1732 (richtig: 1733), London 1734 – EÜ: 1740

Philosophisch-ethisches Lehrgedicht in vier Episteln; formuliert das optimistische Menschenbild der Aufklärung und liefert ihr entscheidende Schlagworte (›chain of being‹ / ›the proper study of mankind is man‹ / ›whatever is, is right‹).

Samuel Richardson: *Pamela: or Virtue Rewarded*

ED: London 1740/41 – EÜ: 1743

Empfindsamer Roman in Briefen (›Pamela oder die belohnte Tugend‹) in zwei Bänden, der das Motiv der (sexuell) bedrängten Unschuld gestaltet, deren Tugend dennoch zum Glück führt; begründet die europäische Mode der sentimentalen Briefromane.

Edward Young: *The Complaint: or, Night-Thoughts on Life, Death & Immortality*

ED: London 1742–45 – EÜ: 1752

Religiös-empfindsames Langgedicht in neun ›Nächten‹ (›Die Klage. Nachtgedanken über Leben, Tod und Unsterblichkeit‹); umkreist in christlichem Geist existenzielle Fragen, ist aber vor allem als Weltschmerz-Dichtung rezipiert worden.

Henry Fielding: *The History of Tom Jones, a Foundling*

ED: London 1749 – EÜ: 1755–59

Roman in 6 Bänden, der humorvoll-realistisch die Entwicklungsgeschichte eines Findelkindes vorführt; Prototyp des realistischen Bildungsromans.

Laurence Sterne:
The Life and Opinions of Tristram Shandy, Gentleman

ED: York 1759, London 1760–67 – EÜ: 1763

Humoristischer Roman; stellt mit seiner sprunghaft-assoziativen, subjektiven Erzähltechnik eine ironische Alternative zum psychologischen Bildungsroman dar.

James Macpherson: *Fragments of Ancient Poetry*

ED: Edinburgh 1760 – EÜ (Auszüge): 1764 (in: *Hannoverisches Magazin*); vollständig: 1768/69

Englische ›Übersetzung‹ von Helden-Gesängen, die angeblich der keltischen Vorzeit entstammen und mit ›Ossian‹ einem nach dem Vorbild Homers entworfenen Dichter zugeschrieben sind; obwohl schon bald der Vorwurf einer modernen Fälschung erhoben wurde, hat die Sammlung europaweit Begeisterung für eine scheinbar ursprüngliche Poesie des Nordens ausgelöst.

Horace Walpole: *The Castle of Otranto*

ED: London 1765 – EÜ: 1768

Schauerroman; mit seiner in einem mittelalterlichen Kloster angesiedelten Gruselhandlung Prototyp der in ganz Europa erfolgreichen ›gothic novel‹.

George Gordon Lord Byron: *Childe Harold's Pilgrimage*

ED: London 1812–18 – EÜ: 1821

Vierteilige Erzähldichtung in Stanzen (›Ritter Harolds Pilgerfahrt‹), die auf Byrons Reisen in Südeuropa (1809–17) basiert; im gedanklichen Mittelpunkt stehen politische Gegenwartskritik, Weltschmerz und Natursehnsucht.

Jane Austen: *Pride and Prejudice*

ED: London 1813 – EÜ: 1830

Sitten-, Familien- und Entwicklungsroman, der in der guten Gesellschaft des ländlichen England spielt; kreist um das Finden der richtigen Ehegatten für fünf Schwestern und zeigt, wie sich durch das Überwinden von ›Stolz und Vorurteil‹ eine gute Lösung findet.

Walter Scott: *Waverley; or 'Tis Sixty Years Since*

ED: Edinburgh 1814 – EÜ: 1828

Historischer Roman in drei Bänden (›Waverley oder Es ist 60 Jahre her‹), der im Rahmen einer Individualgeschichte den Kampf der schottischen Clans gegen die Vorherrschaft des englischen Königshauses vergegenwärtigt (1745/46); leitet europaweit die Mode der Geschichtsromane ein.

Mary Shelley: *Frankenstein or The Modern Prometheus*

ED: London 1818 – EÜ: 1912

Schauerroman der Romantik; schildert die Erschaffung eines künstlichen Menschen durch den Studenten Viktor Frankenstein sowie die Verzweiflung des ausgegrenzten ›Monsters‹.

Emily Brontë: *Wuthering Heights*

ED: London 1847 – EÜ: 1851

Roman, der in der Doppelperspektive zweier Erzähler das Provinzleben in viktorianischer Zeit schildert; gestaltet menschliche Leidenschaftlichkeit in den Extremen von Grausamkeit und Liebe.

Charles Dickens: *Bleak House*

ED: London 1853 (seit März 1852 als Serie vorveröffentlicht) – EÜ: 1852/53

Sozialkritischer Roman, der die Kritik am ineffizienten Justizwesen seiner Zeit mit einer sentimentalen Liebesgeschichte verbindet; präsentiert einen Querschnitt durch die Londoner Gesellschaft des 19. Jh.

Oscar Wilde: *The Picture of Dorian Gray*

ED: London/Philadelphia 1890 (in: *Lippincott's Monthly Magazine*); Buchfassung: London / New York 1891 – EÜ: 1901

Roman, der sich in seiner Mischung von realistischen und symbolischen Elementen bewusst von der viktorianischen Tradition löst; gestaltet den Ästhetizismus des Fin de siècle.

Bram Stoker: *Dracula*

ED: London 1897 – EÜ: 1908

Horror-Roman, kombiniert aus Briefen, Tagebuch-Aufzeichnungen usw.; Graf Dracula, ein transsylvanischer Vampir, reist nach England, wo er zuletzt vernichtet werden kann.

Joseph Conrad: *Heart of Darkness*

ED: London/Edinburgh 1899 (in: *Blackwood's Magazine*) – EÜ: 1926 (in: *Jugend. Drei Erzählungen*)

Novelle mit Rahmenhandlung, in der ein ehemaliger Seemann von seiner zweimonatigen Fahrt den Kongo hinauf erzählt; schildert die Grausamkeit der Kolonialisierung und parallelisiert europäische Zivilisiertheit mit schwarzafrikanischer Wildheit.

Arthur Conan Doyle: *The Hound of the Baskervilles*

ED: London 1901/02 (in: *The Strand Magazine*) – EÜ: 1903

Kriminalroman um Sherlock Holmes; der Spuk um einen gespenstischen Hund wird in rationaler Analyse als verbrecherische Machenschaft entlarvt.

James Joyce: *Ulysses*

ED: Paris 1922 (Vorabdrucke seit 1918) – EÜ: 1927

Avantgardistischer Roman, der Episoden aus Homers *Odyssee* auf Dublin (16. Juni 1904) überträgt; durch seine Sprach- und Erzählexperimente der einflussreichste Text der literarischen ›Moderne‹.

Thomas Stearns Eliot: *The Waste Land*

ED: London 1922 (in: *The Criterion*) – EÜ: 1927

Gedichtzyklus in fünf Teilen in strikter Montage-Technik (›Das wüste Land‹); reflektiert die Sinnlosigkeit der modernen Zivilisation und sucht nach metaphysischer Beruhigung.

David Herbert Lawrence: *Lady Chatterley's Lover*

ED: Florenz 1928 – EÜ: 1930

Roman; schildert anhand des explizit erzählten Ehebruchs einer kultivierten Dame mit einem Wildhüter die zeitgenössische Gesellschaft Englands in kritischer Perspektive.

Virginia Woolf: *Orlando. A Biography*

ED: London 1928 – EÜ: 1929

Ironischer Entwicklungsroman, der zu den Hauptwerken des literarischen Feminismus zählt; parodiert die Gattung durch Darstellung der vom späten 16. Jahrhundert bis 1928 währenden Lebensgeschichte eines englischen Adeligen, der sich mit ungefähr 30 Jahren in eine Frau verwandelt hat.

Samuel Beckett: *Murphy*

ED: London 1938 – EÜ: 1958

Roman, der ironisch den Gegensatz zwischen Geist und Körper thematisiert; die groteske Geschichte eines Mannes, der die Wirklichkeit nicht wahrnehmen mag, parodiert konventionelle Erzähltechniken.

George Orwell: *Nineteen Eighty-Four*

ED: London 1949 – EÜ: 1950

Utopischer Roman; zeigt das Leben in einem technisch-totalitären Staat und die Zerstörung der Persönlichkeit eines individuell Aufbegehrenden.

J. R. R. Tolkien: *The Lord of the Rings*

ED: London 1954/55 – EÜ: 1969/70

Prosa-Epos (›Der Herr der Ringe‹), das in Anlehnung an nordische Sagen und Dichtungen der Romantik das Genre der *fantasy*-Literatur begründet hat; gestaltet den heldenhaften Sieg des Guten über das Böse als poetisch erfundenen Mythos.

John Osborne: *Look Back in Anger*

UA: London, 8. 5. 1956 – ED: London 1957 – EÜ: 1958

Sozialkritisches Schauspiel in drei Akten, das in naturalistischer Tradition die Unzufriedenheit mit den bürgerlichen Lebensverhältnissen der Nachkriegszeit gestaltet; eines der Hauptwerke der ›angry young men‹.

Harold Pinter: *The Birthday Party*

EA: Cambridge, 28. 4. 1958 – ED: London 1959 – EÜ: 1961

Absurdes Drama in drei Akten (›Die Geburtstagsparty‹); zeigt die alptraumhafte Demontage des Individuums durch anonyme, ungreifbare Mächte und die Unfähigkeit zu echter zwischenmenschlicher Kommunikation.

Alan Silitoe: *Saturday Night and Sunday Morning*

ED: London 1958 – EÜ: 1961

Sozialkritischer Roman; zeigt in lockerer Episodenfolge die Wochenendvergnügungen und Nöte eines jungen Arbeiters.

Robert Harris: *Fatherland*

ED: London 1992 – EÜ: 1992

Alternativhistorischer Roman, der 1964 in einem nationalsozialistischen Deutschland spielt, das den Zweiten Weltkrieg gewonnen hat; ein Kriminalpolizist findet zuletzt Beweise für den offiziell geleugneten Völkermord an den Juden.

Sarah Kane: *Blasted*

UA: London, 12.1.1995 – ED: London 1996 – EÜ: 1996

(Anti-)Kriegstheater in fünf Szenen (›Zerbombt‹); konfrontiert einen alltäglichen zwischenmenschlichen Beziehungskrieg mit der brutalen Zerstörung brüchiger Intimität durch äußere Gewalt (angeregt durch Fernsehbilder des Massakers von Srebrenica 1995); paradigmatisches Beispiel für das auf Aggression, Brutalität und Provokation angelegte Londoner ›In-yer-face theatre‹ der 90er Jahre.

Joanne K. Rowling:
Harry Potter and the Philosopher's Stone

ED: London 1997 – EÜ: 1998

Band 1 (›Harry Potter und der Stein der Weisen‹) der siebenbändigen Reihe um einen mit Zauberkräften ausgestatteten Waisenknaben; Harry Potter wächst bei einer durchschnittlichen Familie im gegenwärtigen England auf, bis er mit 11 Jahren auf die Zauberschule Hogwarts wechselt und dort zum zentralen Gegenspieler der bösen Mächte wird.

Russland

Nikolai Karamsin: *Briefe eines reisenden Russen*

ED: Moskau 1791–92 (in: *Moskauer Journal*) – EÜ: 1799–1802

Reisetagebuch in Briefform (russischer Sentimentalismus); rein kulturgeschichtliches Anliegen der Reise durch Westeuropa, als Reiseführer fungiert dabei die Literatur von Voltaire, Rousseau, Goethe u. a.

Alexander Puschkin: *Boris Godunow*

UA: Petersburg 1870 (16 Szenen) – ED: Petersburg 1831 (unvollständig) – EÜ: 1840

(Romantische) Tragödie in 23 Szenen, die sich zum Teil auf Karamzins *Geschichte des russischen Staates* stützt; geschildert wird in Anklang an Shakespeares Königsdramen der Kampf um die Regentschaft nach dem Tod Zar Fjodors zwischen Boris Godunow und seinem Gegenspieler Grigorij, der sich als Zarensohn Dimitrij ausgibt.

Nikolai Gogol: *Der Revisor*

UA: Petersburg, 19. 4. 1836 – ED: Petersburg 1836 – EÜ: 1854

Gesellschaftskritische Komödie in fünf Akten, die in Anlehnung an Molières Sittenkomödien die Furcht einer Provinzstadt vor Aufdeckung der herrschenden Missstände zeigt; Abkehr von traditioneller Lustspieltechnik durch Verzicht auf didaktische oder kathartische Wirkung.

Michail Lermontow: *Ein Held unserer Zeit*

ED: Petersburg 1840 – EÜ: 1845

Roman (in fünf Novellen dreier fiktiver Erzähler); Thema ist die Gleichgültigkeit und Langeweile des ›überflüssigen Menschen‹ Petschorin in unterschiedlichen Lebenssituationen.

Iwan Turgenjew: *Aufzeichnungen eines Jägers*

ED: Moskau 1852 – EÜ: 1854/55

Skizzenartige, dokumentarische Erzählungen; kreisen – mit detaillierten Beobachtungen und ohne genuin aufrührerische Tendenzen – um die Situation des leibeigenen Bauern, des Landadels der vierziger Jahre und um die Gestalt des Jägers.

Iwan Gontscharow: *Oblomov*

ED: Petersburg 1859 – EÜ: 1868

Roman über einen russischen intellektuellen Adeligen, der trotz höherer Ideale seiner Klasse verhaftet bleibt und nicht handelnd, sondern nur denkend und träumend in Erscheinung tritt.

Fjodor Dostojewski: *Schuld und Sühne* (bzw. *Verbrechen und Strafe*)

ED: Petersburg 1866 – EÜ: 1882

(Philosophischer Kriminal-)Roman über die innere Isolation eines Intellektuellen (sein Name ›Raskolnikow‹ leitet sich von dem russischen Wort für ›Abspaltung‹ her), der sich zu einem Mord berechtigt glaubt; der folgende Zustand der ›Krankheit zum Tode‹ (Kierkegaard) kann nur durch Einsicht zur Sühne und durch die Liebe (des Mädchens Sonja) gebessert werden.

Lew Tolstoi: *Krieg und Frieden*

ED: Moskau 1868/69 – EÜ: 1885

(Historischer) Roman, der Züge einer Familienchronik trägt; vorgeführt werden die Wandlungen der Söhne und Töchter dreier russischer Adelsfamilien in der Epoche der Napoleonischen Kriege.

Anton Tschechow: *Onkel Wanja*

UA: Moskau, 26. 10. 1899 – ED: Moskau 1897 – EÜ 1902

Schauspiel in vier Aufzügen; die Begegnung auf einem Landgut zwischen einem Professor und seiner jungen Frau, den Bewirtschaftern und einem Arzt spiegelt in alltäglichem Geplänkel das Nichts des menschlichen Lebens, geprägt von tiefer Resignation und Kälte.

Maxim Gorki: *Die Mutter*

ED: *Mother*, Philadelphia 1906 – EÜ: 1907

Roman (zuerst in englischer Sprache erschienen); der Vorläufer des ›Sozialistischen Realismus‹ schildert, wie inmitten eines von Armut und Stumpfsinn geprägten Arbeiterlebens die Mutter Pelagea Wlassowa dem Beispiel ihres Sohnes Pawel folgt und sich zur Revolutionärin wandelt.

Anna Achmatowa: *Der Abend*

ED: Petersburg 1912 – EÜ: 1921 (Teil), 1982 (vollständig)

Sammlung von Liebeslyrik in Absetzung vom Symbolismus (den ›Akmeisten‹ geht es um klare Gegenständlichkeit); thematisiert in vielfältigen literarischen Formen (Romanze, Ballade) Krisen und Konflikte zwischen Liebenden (der Titel spielt auf Abschied an).

Wladimir Majakowski: 150 000 000

ED: Moskau 1921 – EÜ: 1924

Futuristisches Poem (der Titel gilt als Anspielung auf die Einwohnerzahl Russlands); in satirischer Groteske wird der Kampf zwischen dem Sozialismus – in Gestalt des Iwan – und dem Kapitalismus – in Gestalt des feisten US-Präsidenten Woodrow Wilson – geschildert.

Fjodor W. Gladkow: *Zement*

ED: Moskau 1925 – EÜ: 1927

Sozialistischer Aufbau-Roman, der in pathetisch-heroischer Form die Industrialisierung des Landes thematisiert; der aus dem Krieg heimgekehrte Held muss allein um den Wiederaufbau eines Zementwerkes kämpfen und verliert dabei seine Frau, die sich wiederum ihre Selbständigkeit erstritten hat.

Michail Scholochow: *Der stille Don*

ED: Moskau 1928 – EÜ: 1929–34

Roman des ›Sozialistischen Realismus‹ über das Leben der Donkosaken 1912–22 und über den Bürgerkrieg im Anschluss an die Oktoberrevolution.

Michail Bulgakow: *Der Meister und Margarita*

Entst.: 1928–40 – ED: Moskau 1966/67 – EÜ: 1968

Satirischer Roman, der das Leben im stalinistischen Russland der 1930er Jahre grotesk karikiert; sprachlich und strukturell höchst kunstvoll werden historische Motive mit Fiktion und Phantastik verwoben (Jesus und Pontius Pilatus, der Teufel als Provokateur, Faustmotiv).

Boris Pasternak: *Doktor Schiwago*

ED: Mailand 1957 (italienisch); Den Haag 1958 (russisch) – EÜ: 1958

Roman über die Zeit zwischen 1904 und der beginnenden Stalin-Ära; schildert in der Lebens- und Liebesgeschichte eines Arztes, Wissenschaftlers und Dichters das Scheitern des Versuchs, sich im bolschewistischen Staat individuell zu verwirklichen.

Iosif Brodsky: *Haltestelle in der Wüste*

ED: New York 1970 – EÜ: 1978 (Auswahl)

Sammelband mit elegischen Gedichten (1961–69), die – ausgehend von Alltagsbildern und -problemen – die Themen Wehmut, Leiden, Zerstörung, Tod und Zukunft umkreisen; enthält vielfache Anspielungen auf die europäische Kulturtradition.

Alexander Solschenizyn: *Archipel GULAG*

ED: Paris 1973 (erweitert 1975/78) – EÜ: 1974

Dokumentarischer Roman in drei Bänden (ab 1958 entstanden); unter Einarbeitung von Augenzeugenberichten und eigenen Erlebnissen wird der Strafvollzug in der Sowjetunion zur Stalinzeit aus der Sicht der Betroffenen dokumentiert und als Terrorsystem deutlich gemacht.

Viktor Pelewin: *Generation ›P‹*

ED: Moskau 1999 – EÜ: 2000

Satirischer Roman um einen PR-Agenten in Moskau; schildert in radikaler Stilmischung das neue Lebensgefühl nach dem Ende der Sowjetherrschaft.

Vereinigte Staaten von Amerika

Benjamin Franklin: *Autobiography*

ED: *Mémoires de la vie privée*, Paris 1791 (unvollständig; erste Teildrucke in englischer Sprache ab 1793) – EÜ: 1792

Autobiographie des Staatsmannes und Wissenschaftlers; präsentiert die moralphilosophischen Normen des Puritanismus.

James Fenimore Cooper:
The Pioneers; or, The Sources of the Susquehanna

ED: New York 1823 – EÜ: 1824

Erster Teil eines Romanzyklus um den Waldläufer ›Lederstrumpf‹ (›Die Pioniere oder die Quellen des Susquehanna‹); pessimistische Schilderung des Gegensatzes von Natur und weißer Zivilisation, des Einzelgängers und der Gesellschaft.

Ralph Waldo Emerson: *Nature*

ED: Boston 1836 – EÜ: 1868

Philosophischer Essay über das Verhältnis von Natur, Mensch und Gott; erläutert die Natur als Schöpfung aus göttlichem Geist.

Edgar Allan Poe: *The Murders in the Rue Morgue*

ED: Philadelphia 1841 (in: *Graham's Magazine*) – EÜ: um 1890

Kurzgeschichte über einen merkwürdigen Doppelmord in Paris, den anstelle der Polizei ein hochrational analysierender Amateurdetektiv aufklärt; erstes Beispiel einer auf den Ermittler konzentrierten Kriminalgeschichte.

Herman Melville: *Moby-Dick; or, The Whale*

ED: New York, London 1851 – EÜ: 1927

Roman über die besessene Jagd des Kapitäns Ahab auf den weißen Wal Moby Dick; verbindet in großer sprachlicher und formaler Vielfalt (szenische Passagen; Bibelsprache) eine Analyse menschlicher Hybris mit exakter Beschreibung des Walfangs.

Harriet Beecher Stowe:
Uncle Tom's Cabin; or: Life among the Lowly

ED: Boston 1852 – EÜ: 1852 (gleichzeitig bei mehreren Verlagen)

Christlich grundierter Roman über das elende Leben afroamerikanischer Sklaven in den USA vor dem Bürgerkrieg; auflagenstarker Beitrag zur Aufklärung des zeitgenössischen Publikums über die Realität der Sklaverei.

Henry David Thoreau: *Walden; or, Life in the Woods*

ED: Boston 1854 (1852 Teilabdrucke in: *Sartain's Union Magazine*) – EÜ: 1897

Essaysammlung nach Tagebuchnotizen; reflektiert den Rückzug in das einfache, ›echte‹ Leben der Natur.

Walt Whitman: *Leaves of Grass*

ED: Brooklyn / New York 1855; erweitert: Philadelphia 1891–1892 – EÜ: 1889

Sammlung von Langvers-Lyrik in freien Rhythmen; gestaltet eine naturmystische Harmonie des Ich mit dem Kosmos.

Mark Twain:
Adventures of Huckleberry Finn (Tom Sawyer's Comrade)

ED: London 1884 – EÜ: 1892

Vom jugendlichen Titelhelden selbst erzählte Geschichte der Flucht eines Außenseiters vor seinem brutalen Vater (gemeinsam mit einem ebenfalls entflohenen Sklaven auf einem Floß den Mississippi hinab); schildert in teilweise dialektaler Sprache die südstaatlichen Lebensbedingungen vor dem amerikanischen Bürgerkrieg.

Ezra Pound: *The Cantos*

ED: Paris 1925; stark erweiterte Schlussfassung: New York 1968 – EÜ: 1964

1915–59 entstandene Gedichtsammlung; überwiegend autobiographisch motivierte Reflexionen in avantgardistischen Formen.

John Dos Passos: *Manhattan Transfer*

ED: New York / London 1925 – EÜ: 1927

Experimenteller Großstadtroman; montiert assoziativ verbundene Augenblickssequenzen einer Vielzahl von Personen mit Zeitungsschlagzeilen, Eindrücken von Geräuschen und anderen Phänomenen Manhattans.

Francis Scott Fitzgerald: *The Great Gatsby*

ED: New York 1925 – EÜ: 1928

Roman, der sich sprachlich an Jazz-Rhythmen orientiert; erzählt in analytischer Technik von den ›golden twenties‹.

Ernest Hemingway: *The Killers*

ED: New York 1927 (in: *Scribner's Magazine*) – EÜ: 1958

Kurzgeschichte im Kriminellenmilieu; gattungsprägend durch die nüchtern-knappe Umgangssprache.

William Faulkner: *The Sound and the Fury*

ED: New York 1929 – EÜ: 1956

Roman in vier formal variierenden Teilen (›Schall und Wahn‹); schildert aus christlicher Sicht den Niedergang der traditionellen Südstaaten-Kultur.

John Steinbeck: *The Grapes of Wrath*

ED: New York 1939 – EÜ: 1940

Sozialkritischer Roman mit symbolischen und sachlich-reflektierenden Einschüben; klagt die Lebenssituation entwurzelter Wanderarbeiter in Kalifornien an.

Arthur Miller: *Death of a Salesman. Certain Private Conversations in Two Acts and a Requiem*

UA: New York, 10. 2. 1949 – ED: New York / London 1949 – EÜ: 1950

Sozialkritisches Schauspiel; schildert in Rückblenden und Simultanszenen das Leben eines alternden, erfolglos gewordenen Handelsvertreters.

Jerome David Salinger: *The Catcher in the Rye*

ED: Boston 1951 (Vorabdrucke 1945/46) – EÜ: 1954

Ich-Roman, der in unbeschönigter Umgangssprache die schwierige Selbstfindung eines pubertierenden Jünglings im Nachkriegs-Amerika zeigt.

Raymond Thornton Chandler: *The Long Good-Bye*

ED: London 1953 – EÜ: 1954

Detektivroman; gesellschaftskritisch-psychologische Problematisierung der traditionellen Detektivfigur (Philip Marlowe).

Vladimir Nabokov: *Lolita*

ED: Paris 1955 – EÜ: 1959

Artifiziell komponierter Roman über die Leidenschaft eines Vierzigjährigen zu einer frühreifen Zwölfjährigen.

Tennessee Williams: *Cat on a Hot Tin Roof*

UA: New York, 24. 3. 1955 – ED: New York 1955 – EÜ: 1956

Schauspiel in drei Akten mit zwei Schlussversionen (›Katze auf dem heißen Blechdach‹); gesellschaftskritische Darstellung der Südstaaten mit dem Zentralthema der ›Wahrhaftigkeit‹.

Allen Ginsberg: *Howl and Other Poems*

ED: San Francisco 1956 – EÜ: 1959

Lyrik in freien Rhythmen und (zumeist) Langzeilen; Schlüsseltext der Beat-Literatur, der in parareligiös-pathetischer Sprache eine Lebensweise artikuliert, in der Homosexualität und Drogenkonsum sich als Alternativen zum bürgerlichen Alltag darstellen.

Jack Kerouac: *On the Road*

ED: New York 1957 – EÜ: 1959

Autobiographischer Roman der ›beat generation‹; zeigt selbstkritisch das alternative Leben der ›beatniks‹ im Gegensatz zur konventionellen Gesellschaft.

William Seward Burroughs: *The Naked Lunch*

ED: Paris / New York 1959 (Vorabdruck 1953) – EÜ: 1962

Unter Drogeneinfluss entstandene Prosa ohne kontinuierliche Handlung; vermischt in obszöner Sprache Phantasie und Realität mit Gesellschaftssatire.

Edward Albee: *Who's Afraid of Virginia Woolf?*

UA: New York, 13. 10. 1962 – ED: New York 1962 – EÜ: 1963

Schauspiel in drei Akten; in Partyspielen zweier Ehepaare werden deren Lebenslügen aufgedeckt, um ein kritisches Psychogramm des amerikanischen Bürgertums entstehen zu lassen.

Thomas S. Kuhn: *The Structure of Scientific Revolutions*

ED: Chicago 1962 – EÜ: 1973

Wissenschaftshistorische Abhandlung, die den Fortschritt rationaler Erkenntnis als Abfolge von ›Paradigmen-Wechseln‹ erklärt; unterscheidet grundsätzlich zwischen ›normaler‹, das Wissen nur erweiternder Wissenschaft und ›revolutionären‹-Neuansätzen.

Frank O'Hara: *Lunch Poems*

ED: New York 1964 (in: *City Lights*) – EÜ: 1969

Sammlung von Gedichten im Stil der *Pop Art* (›Gedichte zum/beim Mittagessen‹); in der Übersetzung durch Rolf Dieter Brinkmann prägend für die westdeutsche Lyrik um 1970.

Sylvia Plath: *Ariel*

ED: London 1965 – EÜ: 1974

Gedichtsammlung mit psychologisch-autobiographischen Motiven; thematisiert insbesondere die Frauenrollen in der bürgerlichen Gesellschaft (deutsche Übersetzung von Erich Fried).

Thomas Pynchon: *The Crying of Lot 49*

ED: Philadelphia 1966 – EÜ: 1980

Postmoderner Roman (›Die Versteigerung von Nummer 49‹), der die Suche nach der angeblichen Geheimorganisation Tristero beschreibt, deren uraltes Post-System *WASTE* mit der U.S.

Mail rivalisiert; kurz vor der möglichen Aufdeckung der Wahrheit bricht der Text ab.

Isaac Bashevis Singer: *The Manor – The Estate*

ED: New York 1967/69 – EÜ: 1967/81

Roman in zwei Teilen (›Das Landgut‹ – ›Das Erbe‹), der zuerst auf Jiddisch erschienen ist (1953–55); schildert die Familiengeschichte polnischer Juden in der zweiten Hälfte des 19. Jh.

Philip Roth: *Portnoy's Complaint*

ED: New York 1969 – EÜ: 1970

Roman in Gestalt des monologischen Lebensberichts eines neurotischen Anwalts gegenüber seinem Psychiater (›Portnoy's Beschwerden‹); erzählt in ironischer Obszönität von den sexuellen Obsessionen des Sohns einer jüdisch-amerikanischen Bürgerfamilie.

Paul Feyerabend: *Against Method. Outline of an Anarchistic Theory of Knowledge*

ED: London 1975 – EÜ: 1976

Wissenschaftshistorisches Plädoyer gegen den Zwang zu methodischer Strenge; propagiert das Konzept eines entschieden pluralistischen Denkens/Forschens, das keinen Ansatz *a priori* ausschließt (›anything goes‹).

Toni Morrison: *Beloved*

ED: New York 1987 – EÜ: 1989

Roman, der die Geschichte einer entflohenen Sklavin und ihrer Tochter in Cincinnati nach Beendigung des Bürgerkriegs und Abschaffung der Sklaverei erzählt; vermischt die realistische Handlung mit surrealen Motiven (Spuk, scheinbare Wiederkehr der einst auf der Flucht getöteten älteren Tochter).

Judith Butler: *Gender Trouble*

ED: New York 1990 – EÜ: 1991

Leittext des ›dekonstruktivistischen‹ Feminismus, gestützt auf Michel Foucaults ›Diskurs‹-Begriff und John Austins ›Sprechakt‹-Theorie; erklärt die *männlich/weiblich*-Alternative als gesellschaftliches Konstrukt.

David Foster Wallace: *E Unibus Pluram: Television and U. S. Fiction*

ED: 1993 (in: *Review of Contemporary Fiction*) – EÜ: 2018

Literaturkritischer Essay, der die Allgegenwärtigkeit ›postmoderner‹ Ironie (bzw. der damit verbundenen Beliebigkeit) problematisiert; postuliert demgegenüber eine neue Literatur, die sich ernsthaft der Lebensrealität stellt und für humane Werte einsteht.

Don DeLillo: *Underworld*

ED: New York 1997 – EÜ: 1998

›Postmoderner‹ Monumentalroman in sechs Teilen, der ein Panorama der amerikanischen Gesellschaft in der zweiten Hälfte des 20. Jh. zeichnet. Die Verknüpfung der unterschiedlichen Lebenswelten veranschaulicht ein Baseball, der am 3. Oktober 1951 bei einem legendären Spiel geschlagen wurde und seitdem von Hand zu Hand geht (an demselben Tag führte die UdSSR ihren zweiten Atomtest durch).

Jonathan Franzen: *The Corrections*

ED: New York 2001 – EÜ: 2002

Gesellschaftskritischer Roman, der Lebensgeschichten einer im Mittleren Westen der USA beheimateten Familie während der zweiten Hälfte des 20. Jh. erzählt; Fluchtpunkt der Handlung ist ein letztes gemeinsames Weihnachten kurz vor der Jahrtausendwende.

Bret Easton Ellis: *Lunar Park*

ED: New York 2005 – EÜ: 2006

›Auto(r)fiktionaler‹ Roman, in dem ein Ich-Erzähler namens ›Bret Easton Ellis‹ eingangs weitgehend faktengetreu von seiner Entwicklung zum Autor erzählt; mit der Zeit gewinnt die Geschichte aber immer mehr fiktionale Züge und verschmilzt schließlich mit Kernmotiven aus Ellis' früheren Werken.

Auswahlbibliographie

Arnold, Heinz Ludwig / Korte, Hermann (Hrsg.): Literarische Kanonbildung. München 2002. (Text und Kritik. Sonderband.)

Assmann, Aleida / Assmann, Jan (Hrsg.): Kanon und Zensur. München 1987. (Beiträge zur Archäologie der literarischen Kommunikation. 2.)

Backe, Hans-Joachim: The Literary Canon in the Age of New Media. In: Poetics Today 36 (2015) S. 1–31.

Beilein, Matthias / Stockinger, Claudia / Winko, Simone (Hrsg.): Kanon, Wertung und Vermittlung. Literatur in der Wissensgesellschaft. Berlin / New York 2011. (Studien und Texte zur Sozialgeschichte der Literatur. 129.)

Bierwirth, Maik: Wiederholung, Wertung, Intertext. Strukturen literarischer Kanonisierung. Heidelberg 2017. (Diskursivitäten. 21.)

Bloom, Harold: The Western Canon. The Books and School of the Ages. New York 1994.

Bogner, Ralf Georg: Literaturgeschichte in Werkeinheiten. Zu einem Handbuch des Kanons der deutschsprachigen Literatur. In: Literaturgeschichte. Theorien – Probleme – Praktiken. Hrsg. von Matthias Buschmeier, Walter Erhart und Kai Kauffmann. Berlin/Boston 2014. S. 185–194.

Charlier, Robert / Lottes, Günther: Kanonbildung. Protagonisten und Prozesse der Herstellung kultureller Identität. Hannover 2009. (Aufklärung und Moderne. 20.)

Drews, Jörg: »Sire, geben Sie Lesefreiheit!« Von der Wünschbarkeit und der Vergeblichkeit von Kanons. In: Literaturwissenschaft als kritische Wissenschaft. Hrsg. von Michael Klein. Wien 2005. S. 59–76.

Eggert, Hartmut: Kulturelles Gedächtnis und der Kanon der Nationalliteraturen. In: Geschichte und Gedächtnis in der Literatur vom 18. bis 21. Jahrhundert. Hrsg. von Janusz Golec und Irmela von der Lühe. Frankfurt a. M. / Berlin / Bern / Bruxelles / New York / Oxford / Wien 2011. (Berliner Beiträge zur Literatur- und Kulturgeschichte. 9.) S. 15–25.

Ehrismann, Otfrid / Hardt, Isabelle: Vom Hildebrandslied zum Eulenspiegel. Der Mittelalter-Kanon im Lesebuch. In: Das Lesebuch. Zur Theorie und Praxis des Lesebuchs im Deutschunterricht. Hrsg. von Swantje Ehlers. Baltmannsweiler 2003. (Diskussionsforum Deutsch. 12.) S. 22–53.

Ehrlich, Lothar / Schildt, Judith / Specht, Benjamin (Hrsg.): Die Bildung des Kanons. Textuelle Faktoren – Kulturelle Funktionen – Ethische Praxis. Köln/Weimar/Wien 2007.

Freise, Matthias / Stockinger, Claudia (Hrsg.): Wertung und Kanon. Heidelberg 2010. (Neues Forum für allgemeine und vergleichende Literaturwissenschaft. 44.)

Fuhrmann, Manfred: Der europäische Bildungskanon des bürgerlichen Zeitalters. Frankfurt a. M. / Leipzig 1999.

Gómez-Montero, Javier: Europäische Lektüren jenseits von Europa. Weltliteratur, literarischer Kanon und die Bildung in Europa. In: Interlitteraria 18 (2013) S. 289–308.

Hamann, Christof / Hofmann, Michael (Hrsg.): Kanon heute. Literaturwissenschaftliche und fachdidaktische Perspektiven. Baltmannsweiler 2009.

Hardtke, Thomas: Weltliteratur in der deutschdidaktischen Kanondebatte. In: Komparatistik und Didaktik. Hrsg. von Michael Eggers und Christof Hamann. Bielefeld 2018. S. 29–40.

Hecken, Thomas: Ein neuer Kanon? In: Hohe und niedere Literatur. Tendenzen zur Ausgrenzung, Vereinnahmung und Mischung im deutschsprachigen Raum. Hrsg. von Annie Bourguignon, Konrad Harrer, Franz Hintereder-Emde. Berlin 2015. (Literaturwissenschaft. 46.) S. 37–49.

Heumann, Anja: Spiel und Anspielung. Der literarische Kanon in journalistischen Texten. Würzburg 2015. (Epistemata. Reihe Literaturwissenschaft. 824.)

Heydebrand, Renate von (Hrsg.): Kanon Macht Kultur. Theoretische, historische und soziale Aspekte ästhetischer Kanonbildungen. DFG Symposion 1996. Stuttgart/Weimar 1998. (Germanistische Symposien. Berichtsbände. 19.)

Kabisch, Eva-Maria: Warum wir lesen, was wir lesen. In: Mitteilungen des Deutschen Germanistenverbandes 50 (2003) S. 518–527.

Kaiser, Gerhard R. / Matuschek, Stefan (Hrsg.): Begründungen und Funktionen des Kanons. Beiträge aus der Literatur- und Kunstwissenschaft, Philosophie und Theologie. Heidelberg 2001. (Jenaer germanistische Forschungen. N. F. 9.)

Karg, Ina / Jessen, Barbara (Hrsg.): Kanon und Literaturgeschichte. Facetten einer Diskussion. Frankfurt a. M. 2014. (Germanistik, Didaktik, Unterricht. 12.)

Kerscher, Hubert / Stockinger, Claudia: Die Leseliste. Konzept und Wirkung. In: Mitteilungen des Deutschen Germanistenverbandes 43 (1996) S. 31–37.

Kerstan, Thomas: Was unsere Kinder wissen müssen. Ein Kanon für das 21. Jahrhundert. Hamburg 2018.

Kliems, Alfrun: Migration, Exil, Postkolonialismus? Reflexionen zu Kanonisierung und Kategorisierung von Literatur. In: Migrationsliteratur. Schreibweisen einer interkulturellen Moderne. Hrsg. von Klaus Schenk. Tübingen/Basel 2004. S. 287–300.

Kutzmutz, Olaf (Hrsg.): Warum wir lesen, was wir lesen. Beiträge zum literarischen Kanon. Wolfenbüttel 2002. (Bundesakademie für Kulturelle Bildung Wolfenbüttel. Wolfenbütteler Akademie-Texte. 9.)

Lamping, Dieter: Klassiker der Moderne. Über die Kanonisierung moderner Literatur. In: Literaturkritik.de 14 (2012) S. 14–25.

Lorey, Christoph (Hrsg.): Queering the Canon. Defying Sights in German Literature and Culture. Columbia 1998.

Lütteken, Anett / Weishaupt, Matthias / Zelle, Carsten (Hrsg.): Der Kanon im Zeitalter der Aufklärung. Beiträge zur historischen Kanonforschung. Göttingen 2009.

Moog-Grünewald, Maria (Hrsg.): Kanon und Theorie. Heidelberg 1997. (Neues Forum für allgemeine und vergleichende Literaturwissenschaft. 3.)

Müller-Michaels, Harro: Der Kanon der Bildung. Literarische Wertung in didaktischer Absicht. In: World Literature Studies 7 (2015) S. 42–54.

Mussil, Stephan: Zur Theorie des literarischen Kanons. In: Zeitschrift für Ästhetik und allgemeine Kunstwissenschaft 47 (2002) S. 73–94.

Neuhaus, Stefan: Revision des literarischen Kanons. Göttingen 2002.

Neuhaus, Stefan / Schaffers, Uta: Was wir lesen sollen. Kanon und literarische Wertung am Beginn des 21. Jahrhunderts. Würzburg 2016 (Film – Medium – Diskurs. 74.)

Onuki, Atsuko: Gender und ästhetische Kanonbildung. In: Zeitschrift für deutschsprachige Kultur & Literatur 12 (2003) S. 175–192.

Paul, Ingwer: Google statt Goethe? Kanonbildung im Zeitalter der Globalisierung. In: Standard, Bildung. Blinde Flecken der deutschen Bildungsdiskussion. Hrsg. von Ingwer Paul und Winfried Thielmann. Göttingen 2008. S. 15–29.

Poltermann, Andreas (Hrsg.): Literaturkanon – Medienereignis – Kultureller Text. Formen interkultureller Kommunikation und Übersetzung. Berlin 1995. (Göttinger Beiträge zur internationalen Übersetzungsforschung. 10.)

Rippl, Gabriele / Winko, Simone (Hrsg.): Handbuch Kanon und Wertung. Theorien, Instanzen, Geschichte. Stuttgart/Weimar 2013.

Rosenberg, Rainer: Kanon. In: Reallexikon der deutschen Literaturwissenschaft. Neubearbeitung des Reallexikons der deutschen Literaturgeschichte gemeinsam mit Georg Braungart, Klaus Grubmüller, Jan-Dirk Müller, Friedrich Vollhardt und Klaus Weimar hrsg. von Harald Fricke. Bd. II. Berlin / New York 2000. S. 224–227.

Rosendahl Thomsen, Mads: Mapping World Literature. International Canonization and Transnational Literatures. London / New York 2008. (Continuum Literary Studies.)

Saul, Nicholas / Schmidt, Ricarda (Hrsg.): Literarische Wertung und Kanonbildung. Würzburg 2007.

Schulze-Bergmann, Joachim: Der literarische Kanon und die Passung von Leser und Text. Eine Untersuchung zu den Begründungsfiguren literaturdidaktischer Kanonbildung im Zeitraum von 1840 bis 1977. Frankfurt a. M. / Berlin / Bern / New York / Paris / Wien 1998. (Beiträge zur Geschichte des Deutschunterrichts. 34.)

Schwanitz, Dietrich: Bildung. Alles, was man wissen muß. Frankfurt a. M. 1999.
Uerlings, Herbert / Patrut, Iulia-Karin (Hrsg.): Postkolonialismus und Kanon. Bielefeld 2012. (Postkoloniale Studien in der Germanistik. 2.).
Völker, Martin A.: Es gibt ein Leben jenseits des Kanons. In: Euphorion 105 (2011) S. 227–233.
Watanabe-O'Kelly, Helen / Birus, Hendrik (Hrsg): Akten des X. Internationalen Germanistenkongresses Wien 2000. Bd. 8: Kanon und Kanonisierung als Probleme der Literaturgeschichtsschreibung. Bern / Berlin / Frankfurt a. M. / Wien 2003 (Jahrbuch für Internationale Germanistik. Reihe A. Bd. 60.)